108 Lehren des Sozialen Buddhismus

von

Ji Kwang Dae Poep Sa Nim

Impressum:

© tao.de in J. Kamphausen Mediengruppe GmbH, Bielefeld

1. Auflage 2016

Herausgeber: Yun Hwa Dharma Sah Wien
Autor: Supreme Matriarch Ji Kwang Dae Poep Sa Nim
Umschlaggestaltung, Typografie: Udo Verne-Semel
Umschlagfoto: Energy Spiritual Writing Painting von Ji Kwang Dae Poep Sa Nim
Titel: Buddha helping to balance the energy of he world
Übersetzung: Kurt Sattlegger , Brigitte Hansmann
Original Hintergrundbild Umschlag, Lotosblüte: Sabine Matyas
Printed in Germany

Verlag: tao.de in J. Kamphausen Mediengruppe GmbH, Bielefeld,
www.tao.de, eMail: info@tao.de

Bibliografische Information der Deutschen Nationalbibliothek:
Die Deutsche Nationalbibliothek verzeichnet diese Publikation
in der Deutschen Nationalbibliografie; detaillierte bibliografische
Daten sind im Internet über http://dnb.d-nb.de abrufbar

ISBN 978-3-96051-283-7 (Paperback)
ISBN 978-3-96051-284-4 (Hardcover)
ISBN 978-3-96051-285-1 (e-Book)

Inhalt

Vorwort der Autorin 7

Einleitung des Übersetzers 9

Hinweis 11

Die Kostbarkeit der Lehre Buddhas 13

Familie 15

Paare 48

Arbeits- und Geschäftswelt 80

Der Mittlere Weg in Beziehungen

- Die Wichtigkeit von Beziehungen 118
- Gute Beziehungen herstellen 126
- Umgang mit schwierigen Beziehungen 135

Gesundheit 149

Schönheit 176

Glossar 191

Vorwort der Autorin

Lieber Leser, liebe Leserin,

am klaren, frischen Nachthimmel strahlt jeder einzelne Stern hell und schmückt den Himmel mit seiner Schönheit. Die Strahlen jedes Sterns umfassen die ganze Welt und rufen in jedem, der mit seinem Blick den Glanz der Sterne aufnimmt, einen schönen Gedanken hervor; dadurch wird diese Person und werden alle anderen glücklich.

Es ist so: jede Person ist wie einer dieser hellen, strahlenden Sterne am schönen Nachthimmel. Ohne Sterne hätte der Nachthimmel wenig Schönheit, und er würde viel von seinem Wert verlieren.

Jede einzelne Person ist genauso wichtig wie ein strahlender Stern, der allen fühlenden Wesen Schönheit schenkt. Jeder Mensch, der seine Unreinheiten durch aufrichtiges Praktizieren auslöscht, wird klarer, heller und sogar noch strahlender werden. Jeder Praktizierende wird wie ein heller, strahlender Stern am dunklen Himmel werden.

Seit dem 17. Juli 1992, ohne je einen Tag auszulassen, schreibe ich vermittels Buddhas Botschaft die Täglichen Sutras, um damit zu helfen, die Weisheit, die in jedem einzelnen von uns ist, hervorzubringen.

Jede Lehre ist einfach eine Erinnerung, die dir durch die Aufs und Abs deines geschäftigen Lebens hilft, damit du schließlich wie ein heller, strahlender Stern werden kannst.

Alle Lehren entsprechen der Energie des Tages, an dem sie geschrieben wurden. Wenn du die Lehren, die hier gesammelt sind, jedoch liest, wirst du sehen, dass jede einzelne von ihnen in Wirklichkeit zeitlos ist. Diese stets zeitgemäßen Lehren helfen dir, indem sie schöne, einfache Wege aufzeigen, die Verworrenheit unseres täglichen Leben zu verstehen und zu begreifen - im Umgang mit anderen, in Freundschaften, in Liebesbeziehungen, in unserer Arbeit und im Streben nach Selbsterkenntnis.

Wenn du diese Lehren liest, wirst du verstehen, dass sie nicht nur für Schüler des Buddhismus sind. Sie können von jedermann angewendet werden, unabhängig von Herkunft, Religion, Alter oder Geschlecht.

Ich hoffe, das Lesen dieser Lehren bereitet dir Freude und du wirst zu deinem eigenen hell strahlenden Stern.

Ji Kwang Dae Poep Sa Nim

Einleitung des Übersetzers

Wie würde ein erleuchteter Buddhistischer Meister, der das Leben im heutigen Westen durch und durch kennt und die Sprache der Zeit spricht, den Dharma, die Lehre Buddhas weitergeben? Die Antwort liegt vor in den mittlerweile fast 9.000 „Täglichen Sutras“ der Großen Dharma Meisterin Ji Kwang Dae Poep Sa Nim, der Höchsten Matriarchin der Yun Hwa Sangha.

Jeden einzelnen Tag seit 1992 übermittelt Dae Poep Sa Nim ihren Schülern und allen anderen Interessenten einen Text. Jeder dieser Texte ist ein unvergleichliches Unikat, ein strahlendes Juwel tiefer Weisheit.

Dae Poep Sa Nim lehrt den Sozialen Buddhismus, eine Form des Dharma, die seit den Tagen von Buddha Shakyamuni nur von sehr wenigen Meistern gelehrt wurde. Im Sozialen Buddhismus wird die Tiefe und unendliche Weite der Buddhistischen Weisheit direkt auf die Herausforderungen des sozialen Lebens angewendet. Viele der Täglichen Sutras befassen sich daher mit Angelegenheiten des praktischen Lebens im 21. Jahrhundert: mit Familie, Beziehungen, Arbeitswelt, Gesundheit und vielem mehr. Sie geben praktische Hinweise, wie wir freier, glücklicher und erfolgreicher leben können.

Aber sie sind noch viel mehr. Wenn man sich wirklich auf die Texte einlässt, sie wiederholt und mit Offenheit liest, wird man merken, dass sie an einem arbeiten: Sie lösen Knoten im Geist und entfalten eine transformative Wirkung, wie sie von Buddhistischen Sutras bekannt ist. Das zu erklären, ist uns nicht möglich. Es bleibt uns der Hinweis, dass sie ihren Ursprung haben in der alles durchdringenden Weisheit und im grenzenlosen Mitgefühl einer großen Buddhistischen Meisterin.

Für diese Sammlung von 108 Lehren aus den letzten Jahren wurden solche ausgewählt, die sich direkt mit Aspekten eines normalen sozialen Lebens befassen. Sie sind daher für jeden Zeitgenossen zugänglich, Kenntnisse über den Buddhismus sind dafür nicht erforderlich. Jede Lehre wurde mit einer Überschrift versehen, damit der Leser die auswählen kann, die ihn gerade interessiert.

Es sind dies sehr kostbare Texte. Bei der Übersetzung ins Deutsche wurde daher versucht, möglichst nahe am Original zu bleiben und möglichst wenig interpretatorischen Spielraum zu nützen. Wir hoffen, dass sie trotzdem in einem brauchbaren Deutsch vorliegen.

Kurt Sattlegger

Hinweis

Jedem Täglichem Sutra ist dieser Hinweis nachgestellt:

„Was ich Sie lehre ist nicht neu. Sie haben davon entweder in diesem oder in einem vergangenen Leben gehört. Diese tägliche Lehre soll uns einfach daran erinnern, damit wir klar sein können und in diesem und jedem zukünftigen Leben korrekt leben können. Dieser Lehre zu glauben, ist ganz alleine die Entscheidung desjenigen, der sie liest. Darüber hinaus das eigene Konzept auf diese Lehre anzuwenden, ist die Wahl des Lesers oder der Leserin."

Die Kostbarkeit der Lehre Buddhas

8579. 5. Dezember 2015, Lotus Buddhist Monastery

Ich schätze es zutiefst, auf diesem Planeten, dem schönsten des gesamten Universums, geboren zu sein. Meine Wertschätzung dafür, dass ich den Drei Juwelen von Buddha (dem Absoluten, der Wahrheit), Dharma und Sangha, meinen Eltern und allen anderen begegnet bin, ist, während ich auf diesem außergewöhnlichen Globus lebe, sogar noch größer.

Wenn wir in diese Welt geboren werden, wissen wir nicht, woher wir kommen und wohin wir gehen werden. Wir wachsen heran dank unserer Eltern und aller anderen, die um uns sind. Wir lernen und arbeiten, um zu existieren. Wenn man jedoch Buddha, Dharma und Sangha nicht begegnet, wird viel wertvolle Zeit wohl verschwendet, indem man in diese und jene Richtung geht. Außerdem wird dabei unwillentlich viel unwissendes Karma angesammelt.

Aber weil wir der Lehre Buddhas begegnet sind und sie dankbar aufgenommen haben, bemühen wir uns nach besten Kräften, aufrichtig zu praktizieren. Natürlich taucht immer wieder das Gefühl auf, dass man intensiver praktizieren sollte und mehr tun könnte. Das ist so, weil tiefere und fortgesetzte Praxis hilft, das zu erkennen, was man vorher nicht wusste. Auch wenn man Kenntnis über einige Tatsachen oder ein bestimmtes Wissen benötigt, wird man so alles, was man herausfinden muss, entdecken. Außerdem wird man gründlich und zutiefst verstehen, dass mit anderen aufrichtig zusammenzuarbeiten eine unbezahlbare und freudige Erfahrung ist. Dann kann man die Ursache, warum wir in diese Welt geboren wurden, völlig erkennen und auch, wohin wir gehen sollten.

Die Lehre Buddhas ist überaus wertvoll. Deshalb ist es für alle wichtig, eine Verbindungs-Beziehung mit der Lehre Buddhas herzustellen, um aus dem Leiden herauszukommen und ein glückliches Leben zu führen. Das ist der Grund, warum es wirklich notwendig ist, den Dharma an alle anderen weiterzugeben.

Daher schätze ich jeden Tag die Möglichkeit sehr, Buddhas Lehre weitergeben zu können; denn durch sie versuche ich, an euch weiterzugeben, was ich aus alten Lehren gelernt habe.

In den Sutras heißt es, dass Buddha Sok Ga Mo Ni den Tushitachun (Himmel) niemals auch nur einen Schritt verließ und doch in den Bauch von Königin Maya ging, um im Land Kapila als Kronprinz geboren zu werden. Er durchlief sechs Jahre harten asketischen Trainings, bevor Er die Erleuchtung erlangte. Danach übermittelte Er 45 Jahre lang die Dharma-Lehren, die zu den 84.000 Sutras wurden; und gleichzeitig rettete Er alle fühlenden Wesen. Diese Fakten sind den Erzählungen von Buddha Sok Ga Mo Ni selbst entnommen.

Als ich diese kostbare Lehre hörte, wurde mein unklares "Ich" klarer und Ich konnte sehr deutlich die Richtung sehen, in die ich gehen sollte.

Daher sage ich euch allen, dass Buddha Sok Ga Mo Ni euch bereits gerettet hat. Deshalb seid ihr bereits Buddha. Es ist daher meine Selbstverpflichtung, mich von jetzt an der aufrichtigen Arbeit für euch alle zu widmen, damit ihr alle das Leben eines Buddha und Bodhisattva haben könnt. Das ist der Wunsch Buddha Sok Ga Mo Nis, den ich erfüllen werde.

Familie

Unsere Eltern sind die wichtigsten Menschen

6291. 30. August 2009, Lotus Buddhist Monastery

An diesem kommenden 3. September wird nicht nur der Ahnentag sein, es ist auch der Elterntag. Es ist der Tag, an dem wir unseren Eltern unsere Wertschätzung ausdrücken, gleichviel, ob sie diese Welt bereits verlassen haben oder noch am Leben sind. Unsere Eltern sind für jeden von uns die allerwichtigsten Menschen, denn ohne sie wären wir nicht in der Lage gewesen, in diese Welt geboren zu werden. Niemand wird ohne Eltern geboren. Deshalb sind Eltern so wichtig. Wir können uns alle sehr glücklich schätzen, unseren Eltern begegnet zu sein.

Wer keine korrekte Beziehungs-Verbindung zu seinen Eltern hat, sollte nicht nur seine Eltern dafür verantwortlich machen. Guten Eltern zu begegnen bedeutet, dass man in vielen früheren Leben viel Tugend erschaffen hat; das ist der Grund, warum man in diesem Leben solch gute, liebevolle Eltern hat. Wenn man gegenwärtig aber Schwierigkeiten mit seinen Eltern hat, dann ist dies nicht die Schuld der Eltern. Die Ursache ist vielmehr, dass man in vergangenen Leben viele Fehler gemacht, sich nicht gut um andere gekümmert und nicht genug Tugend erschaffen hat. Deshalb hat man jetzt diese Art von Schwierigkeit. Man sollte also nicht seine Eltern beschuldigen, sondern sich selbst dafür, dass man nicht genug Tugend hat.

Hat man gegenwärtig keine gute Beziehung zu seinen Eltern, sollte man - um diese Art von negativem Karma auszulöschen - sie um Entschuldigung bitten und ihnen sagen, das man von jetzt an ein besseres Kind sein wird. Ein solcher Satz wird helfen, die

Negativität der Eltern wegschmelzen zu lassen. In anderen Worten: die negativen Gefühle werden verschwinden, denn alle Eltern lieben ihre Kinder, gleichgültig wie die Umstände sind. Tatsächlich lieben Eltern ihre Kinder mehr als sich selbst.

Alle Eltern haben solche Empfindungen der Liebe. Aber entsprechend des Karmas jeder Person, können manche Eltern dies sehr leicht ausdrücken, während einige andere Blockaden haben können, ihre Gefühle der großen Liebe für ihr Kind auszudrücken.

An diesem 3. September lasst uns eine aufrichtige Zeremonie für jene Eltern haben, die uns verlassen haben und gleichzeitig alle Blockaden auflösen, die wir unseren Eltern gegenüber möglicherweise haben - damit wir zu ihnen eine um vieles bessere Beziehung haben können als zuvor.

Aber wenn jemand noch immer Schwierigkeiten mit seinen Eltern hat, dann sollte er nicht vergessen, einen wertschätzenden Geist zu haben. Mit dieser Art von wertschätzendem Geist wird er in Zukunft nach und nach ein sehr angenehmes, wertschätzendes Verhältnis zu seinen Eltern haben.

Eltern sind Helden, Kinder sind kostbare Juwelen

7909. 3. Februar 2014, Lotus Buddhist Monastery

Sehr oft ist die Weisheit der Eltern der Hauptgrund, warum sich Kinder gut entwickeln und im Leben erfolgreich sind. Folgen die Kinder einem falschen Weg, liegt das zweifellos an einem bestimmten Karma, aber auch daran, dass die Eltern keine ausreichende Verantwortung zeigen oder nicht die richtige Herangehensweise haben.

Kinder, die in ihren frühen Jahren nicht genug Liebe von ihren Eltern empfangen haben, entwickeln eine gewisse Negativität in ihrem Geist. Während sie heranwachsen und älter werden, wird es schwierig, diesen negativen Charakterzug auszulöschen; und deshalb neigen sie dazu, überaus temperamentvoll und leicht erregbar zu sein. Gleichzeitig macht es ihre Herrschsucht schwierig, herzliche Beziehungen zu haben.

Nimmt man aber Zuflucht zu Buddha (dem Absolutem, der Wahrheit), Dharma und Sangha und praktiziert aufrichtig, wird das Karma nach und nach weggewaschen; das führt einen auf den korrekten Weg, wodurch sich ein neues Leben eröffnet. Dadurch kann das wahre Selbst, das sich hinter dem Karma verborgen hat, wieder neu entdeckt werden.

Wer daher auf diesem Weg zu Buddha ist, wird nicht einmal durch mangelnde Liebe und Fürsorge der Eltern beeinträchtigt oder behindert. Vielmehr spornen ihn die erlebten Schwierigkeiten an, seine Stärken und Fähigkeiten selbst zu entwickeln, ohne von anderen abhängig zu sein. Eine solche selbstständige Person muss sich an niemanden anlehnen und lebt ein sehr sicheres Leben.

Die Lehre Buddhas besagt, dass Praktizierende ein Führungslicht für andere sein sollen, damit sich alle Dunkelheit dieser Welt in einem strahlenden und klaren Bereich auflösen kann. Man kann fehlerfrei wahrnehmen, was richtig ist und was falsch ist, und doch haftet man nicht daran an und wird nicht davon eingefangen. Auf dem korrekten Weg jenseits von richtig und falsch zu gehen, führt vielmehr zu einem Leben, das dem Wohlergehen anderer gewidmet ist.

Um als Kinder und Eltern verbunden zu sein, muss es viele Kalpas hindurch Ursache und Bedingungen gegeben haben. Wenn die

Menschen das erkennen würden, würden sie einander als viel kostbarer erachten. So sollten Eltern zum Beispiel bereuen, dass sie sich nicht besser um ihre Kinder gekümmert haben; und Kinder sollten bereuen, dass sie nicht respektvoll zu ihren Eltern waren und ihre Absicht nicht verstanden haben. Gleichzeitig sollten sie Wiedergutmachung für ihre Zornesausbrüche leisten. Auch sollten sie ihre Eltern als Helden sehen, weil sie es sind, die sie auf diese Welt gebracht haben. Und Kinder sind wiederum kostbare Juwelen, die die Eltern glücklich machen.

Kinder sollten ihren Eltern treu ergeben sein und Eltern sollten ihre Kinder wertschätzen. Gingen alle in diese Richtung, würden solche harmonischen Familien in Frieden leben; und diese gelassene Ruhe führt tatsächlich zum Weltfrieden.

Eltern als Rollenvorbilder

7999. 4. Mai 2014, Lotus Buddhist Monastery

Unsere wichtigen und unschätzbaren Nachfolger, unsere Kinder, werden damit fortfahren, die Zukunft dieser Welt zu gestalten. Erwachsene sollten daher genau überlegen und sich bewusst werden, wie sie ihren jungen Nachwuchs beschützen, lehren und sich um ihn kümmern können. Sorgen und Befürchtungen über die Zukunft dieses Erdballs sollten uns dazu veranlassen, unsere eigenen Gedanken und Handlungen zu überprüfen und auch die unserer Familien und Kinder um uns herum.

Ängste und Unbehagen in Bezug auf die Zukunft erfordern daher Selbsterkenntnis. Erwachsene sind ein großes Vorbild für Kinder. Insbesondere Praktizierende sollten sich darauf konzentrieren, ihre Unreinheiten auszulöschen, um einen schönen und klaren Geist zu haben. Wenn wir mit Kindern umgehen, sollte uns bewusst sein, dass wir für sie Rollenvorbilder sind. Zeigen wir Klarheit und Weisheit, werden sich auch die Kinder mit einem gelassenen Geist wohlfühlen und sich so in eine sehr positive Richtung entwickeln.

Die bedeutendsten und kostbarsten Geschenke, die wir unseren Kindern machen können, sind die Drei Juwelen - Buddha (das Absolute, die Wahrheit), Dharma und Sangha; diese können sie ihr ganzes Leben als Wegweiser nützen.

Buddha Sok Ga Mo Nis Ehefrau war Königin Yasodhara und Sein Sohn war Rahula. Rahula fragte, was das beste Erbe seines Vaters, Buddha Sok Ga Mo Ni, sei. Der antwortete ihm: "Ich werde dir die drei wichtigsten Schätze geben: Buddha, die Lehre Buddhas und den großen Respekt für jene Person, die die Lehre Buddhas übermittelt. Wenn du diese Drei Juwelen annimmst und das Leben akzeptierst, wie es ist, wirst du immer ein sicheres Leben ohne Leiden haben. Gleichzeitig wirst du selbst zu einem Buddha oder Bodhisattva werden und zu jemandem, der sehr wertvoll ist und alle fühlenden Wesen rettet."

Wäre ein Kind wie Buddha Sok Ga Mo Ni vor 2600 Jahren nicht in diese Welt geboren worden, wie könnten wir dann heute diese kostbare Lehre empfangen? Die Welt wäre noch immer in Dunkelheit versunken, unfähig, aus der Unwissenheit herauszukommen. Ähnliches gilt für unser Leben: Wenn wir unsere Kinder als Buddha und Bodhisattvas sehen und schätzen, dann werden sie auch zu Buddha und Bodhisattvas werden. Unsere Kinder werden als große und weise Beschützer vorangehen, um den schönsten Frieden in diese Welt zu bringen.

Zum Anlass von Buddha Sok Ga Mo Nis Geburtstag lasst uns die Kinder, die in diese Welt geboren wurden, aufrichtig wertschätzen und auch all diejenigen, die in der Zukunft geboren werden. Lasst uns wünschen und geloben, dass sie zu aufrichtigen, guten und wahren Söhnen und Töchtern Buddhas werden, und so wie Er in diese Welt kommen und aufwachsen.

Morgen werde ich eine sehr ernsthafte Zeremonie für den größten Meister der Welt - Buddha Sok Ga Mo Ni - an Seinem Geburtstag durchführen.

Das Leben der Väter

8041. 15. Juni 2014, Lotus Buddhist Monastery

Glückwünsche und Alles Gute zum Vatertag!

Der Vater ist in Wirklichkeit ein Schutzwall für die Familie. Er verhindert Schwierigkeiten und arbeitet mit ganzem Herzen für die Familie - auf viele verschiedene Weisen und ohne sich jemals dessen zu preisen. Diese Pflichterfüllung bereitet dem Vater das aufrichtigste Glück. Das ist besonders dann der Fall, wenn die berufliche Arbeit sich gut entwickelt und er der Ehefrau und den Kindern ein gutes und angenehmes Leben bieten kann. Wenn die Dinge sich aber wenden und er mit Mangel und einer unbefriedigenden Situation konfrontiert ist, dann bleibt er still, um seine Familie nicht zu beunruhigen. Weil er über solche Sorgen nicht sprechen kann, leidet er für sich alleine. Das ist das Leben eines Vaters.

Vor ihren Kindern sind alle Väter unschuldig und wahrhaftig. Sie müssen hinaus in die Welt gehen und dort arbeiten, um für ihre Familie zu sorgen. Sie erscheinen sehr feinfühlig und stark, und die meisten Väter haben einen Geist der Güte und eine wunderbare und liebevolle Geisteshaltung allen ihren Kindern gegenüber. Erscheint aber eine herausfordernde Situation, dann kann sich der Vater der Situation entsprechend verändern. Aber das ist so, weil er sich um seine Familie kümmern möchte.

Wir sollten daher unseren Vätern Dankbarkeit zeigen und können das tun, indem wir die Aufgaben, die uns anvertraut werden, von ganzem Herzen erfüllen und indem wir es ihnen so angenehm wie möglich und sie so glücklich wie möglich machen.

Als unser äußerst mitfühlender und liebender Vater ging Buddha Sok Ga Mo Ni, um alle fühlenden Wesen zu retten, durch fünfhundert Leben, in denen er auf die vier Arten geboren wurde - Ei, Mutterleib, Feuchtigkeit und Transformation. Er beschützt, rettet und führt uns immer. Deshalb ist Buddha Sok Ga Mo Ni der große Vater aller fühlenden Wesen.

Wir können also sehen und verstehen, wie sehr sich Buddha Sok Ga Mo Ni selbst geopfert und ohne Unterlass hart gearbeitet hat. Die Zufriedenheit Seiner Nachfolger und Schüler macht auch Ihn glücklich. Ebenso freut es unsere Väter, wenn sie uns gesund und fröhlich sehen. Sie investieren große Anstrengungen in ihre Arbeit, aber wenn sie nach Hause in die Wärme der Familie kommen, verschwindet die Müdigkeit und die Väter erleben großes Glück und Seligkeit.

Lasst uns also an diesem Vatertag unsere Väter würdigen, verehren und respektieren. Um Buddha Sok Ga Mo Ni unsere Dankbarkeit zu erweisen, sollten wir unseren Vätern der Welt das beste Geschenk machen, das wir ihnen geben können: Buddha (das Absolute, die Wahrheit) zu realisieren, Erleuchtung zu erlangen und selbst zu Buddhas und Bodhisattvas zu werden.

Eltern können nicht für ihre Kinder essen

8057. 1. Juli 2014, Lotus Buddhist Monastery

Glaube immer an Buddha (das Absolute, die Wahrheit), Dharma und Sangha, würdige sie und folge ihnen. In eine solche Richtung zu gehen, fördert das Vorankommen und den Aufstieg im Leben und es sichert ein viel angenehmeres Leben, als es andere haben können. Es gibt zum Beispiel einen jungen Mann, der wegen seiner Eltern dem Dharma begegnete, aber er wusste nicht, was die Lehre Buddhas ist. Trotzdem und unabhängig davon, in welchen Umständen er war, besuchte er immer wieder das Kloster; und obwohl er nicht praktizierte, fühlte er sich gut und zufrieden.

Dieser junge Mann wollte nicht studieren und entschloss sich, einer anderen Richtung zu folgen. Als sein Meister ihn fragte, welche es sein solle, antwortete er, dass er ins Lebensmittelgeschäft einsteigen wolle. Als der Meister die Aufrichtigkeit des Jungen sah, stimmte er dieser Richtung zu, segnete ihn immer und gab ihm Ratschläge, wenn er sie brauchte. Von diesem Zeitpunkt an arbeitete der junge Mann mit vollem Engagement, praktizierte aufrichtig und zeigte große Wertschätzung. Er zeigte dem Meister gegenüber auch immer ein korrektes Verhalten. Dieser fleißige Junge hat jetzt ein ganz sicheres Leben mit einem Geschäft, das nach und nach ein Erfolg wurde.

Aber in einem anderen Fall, der das genaue Gegenteil zeigt, kam auch ein junger Mann über seine Eltern zum Dharma, wollte aber nicht praktizieren. Er behandelte die Lehren Buddhas nicht als etwas Kostbares und zögerte, mit dem Meister Kontakt aufzunehmen. Neuigkeiten über den Meister erfuhr er nur von seinen Eltern. Was immer der junge Mann tat, nichts entwickelte sich gut und gegenwärtig hat er ein sehr schwieriges Leben. Es zeigt sich also, dass jeder, ob alt oder jung, sein eigenes Leben und seinen eigenen inneren Meister hat. Was immer auch die Herausforderungen sein mögen, auf die man sich eingelassen hat, oder der Wunsch, den es zu erlangen gilt: es ist wichtig, dass jeder für sich selbst praktiziert.

Auch wenn Eltern ihre Kinder noch so sehr lieben, sie können nicht für sie essen. Je mehr sie ihre Kinder lieben, umso mehr sollten sie sie ermuntern, Zuflucht zu Buddha, Dharma und Sangha zu nehmen. Kinder sollten die Lehren Buddhas lernen, um weise zu werden. Wenn man sie dazu anleitet, zeigt das wahre Fürsorge für die Kinder.

Wenn man als Mensch in dieser Welt geboren wird, dann bedeutet das, dass man Buddha-Natur hat und die Fähigkeit, selbst zu einem Buddha oder Bodhisattva zu werden. Man kann ein sehr schönes Leben führen, in dem man aus Seng No Pyong Sa (koreanisch für die vier Leiden) in ein völlig befreites Leben treten kann. Natürlich strebt jeder nach der Erfüllung seiner persönlichen Wünsche und Ziele. Daher sollten Eltern ihren Kinder, wenn sie sie wirklich lieben, das wichtigste Erbe geben: die Drei Juwelen - Buddha, Dharma und Sangha.

Die Drei Juwelen bringen unseren Kindern nicht nur in diesem Leben Glück, sondern Leben nach Leben. Sie sind das größte, unermessliche Geschenk, das Eltern ihrem Nachwuchs geben können. Vertrauen in die Drei Juwelen erfüllt unser Leben mit Weisheit und führt uns auf den korrekten Weg. Deshalb erklärt Buddha Sok Ga Mo Ni, dass das Ausmaß an Tugend und Glück, das man erwirbt, wenn man durch die Drei Juwelen gesegnet ist, größer ist als die Zahl aller Sandkörner des Ganges-Flusses.

Loyalität in der Familie

8124. 6. September 2014, Lotus Buddhist Monastery

Seinen Eltern gegenüber nicht loyal und treu zu sein, bedeutet, sich selbst gegenüber nicht loyal und treu zu sein. Wenn man den Eltern nicht die angemessene Dankbarkeit und Wertschätzung dafür zeigt, dass sie einen großgezogen haben, ist es schwierig, für sich selbst Tugend aufzubauen.

Es ist natürlich eine sehr traurige Situation, wenn man den Eltern Verehrung und Liebe ausdrücken möchte, das aber nicht möglich ist, weil sie nicht mehr da sind. Deshalb haben diejenigen, deren Eltern noch am Leben sind, großes Glück und sie sollten stets versuchen, ihnen ihre Dankbarkeit und große Wertschätzung entgegenzubringen. Es ist daher wichtig, ihnen ein vortreffliches Geschenk zu geben - und das größte Geschenk sind Buddha (das Absoluten, die Wahrheit), Dharma und Sangha.

Zuflucht zu den Drei Juwelen zu nehmen ist das entscheidendste Geschenk von allen, und es kann das Leben von Grund auf verändern; denn die Eltern können entweder in diesem Leben, dem Nachleben oder in einer anderen Welt - wenn sie wiedergeboren werden - all den Nutzen daraus haben und ein sehr glückliches Leben führen. Es bringt daher der ganzen Familie Frieden und Glück, wenn man den Eltern das große Geschenk von Buddha, Dharma und Sangha macht.

Im Orient wird deshalb von alters her während Chuseok (buddhistisches Erntedankfest), auch von Nicht-Praktizierenden, im Wohnzimmer viel Essen hergerichtet und mit jedem geteilt, den man gerne hat. Den Eltern und Großeltern, die schon verschieden sind, wird Wertschätzung und Respekt erwiesen, indem man sie ehrt und ihnen mit Verehrung und Respekt Geschenke macht.

Wir kommen in diese Welt durch Buddha, die Natur und unsere Eltern und wir wachsen mit ihrer Liebe auf. Deshalb existieren wird jetzt hier; wir sollten unsere Eltern daher aufrichtig wertschätzen, denn sie haben uns in diese Welt gebracht und großgezogen.

Hier ist eine Geschichte, die sich vor langer Zeit zugetragen hat: Es gab eine arme Familie, deren Sohn immer gut zu seinen Eltern sein wollte. Ganz besonders während Chuseok suchte er daher nach etwas, was er seinen Eltern geben könnte, aber er hatte kein Geld. Die ständige Sorge der Familie war, woher das Essen für den nächsten Tag kommen sollte. Alles was der Sohn im Raum finden konnte, waren Socken mit Pukas (hawaiianisch für „Löcher"); die ganze Nacht über stopfte er daher sehr sorgfältig die Pukas. In dieser Gegend gab es noch keine Elektrizität. Der Mond am Himmel war von dieser aufrichtigen Handlung und liebevollen Hingabe beeindruckt und schickte viel Licht in dieses Zimmer, in dem der Sohn an den Socken arbeitete, die er seinem Vater geben wollte. Dadurch wurde das Zimmer so hell, dass die Socken sehr schön gestopft werden konnten, um sie dem Vater als Geschenk zu geben.

Seit dieser Zeit ist der Vollmond des Chuseok der hellste aller Monde.

PS: Morgen, am Montag, den 8. September um 9 Uhr (HAT) wird Dae Poep Sa Nim die Buddhistische Erntedankzeremonie durchführen. Wenn du das möchtest, kannst du um 21.00 Uhr (europäischer Zeit) für eine halbe Stunde meditieren. Zu dieser Zeit wird Dae Poep Sa Nim die Namen aller Teilnehmer dieser Buddhistischen Erntedankzeremonie segnen.

Korrekte Kommunikation in der Familie

8165. 17. Oktober 2014, Lotus Buddhist Monastery

Probleme in menschlichen Beziehungen werden oft durch einen Mangel an Kommunikation verursacht. Selbstgerechtigkeit zusammen mit dem Glauben, dass andere falsch liegen, führt zu einem sturköpfigen Verfolgen persönlicher Absichten. Aber immer wenn man etwas alleine macht, ohne andere mit einzubeziehen, führt das zu Problemen in den Verbindungen zu ihnen. Insbesondere wenn man sich sicher ist, dass man genau weiß, was am besten ist, sollte man den Meinungen anderer zuhören. Gegenseitiger Respekt bei unterschiedlichen Ansichten und den Mittelweg zu gehen, macht langhaltende Beziehungen möglich. So werden jene, die uns nahe stehen, wie unsere Familie.

Auf ähnliche Weise ist es wichtig, die Kommunikationskanäle in der Familie offen zu halten. Zum Beispiel möchte ein Kind etwas kaufen und macht diesen Kauf, ohne zuerst die Eltern zu fragen. Das ist keine korrekte Handlung. Immer wenn es Uneinigkeit darüber gibt, was gekauft werden kann und was nicht, ist es wichtig, miteinander zu sprechen und Einklang zu finden. Auf diese Weise kann eine Übereinkunft erzielt werden, die alle zufriedenstellt.

Wenn aber ein Sprössling etwas sehr Teures kauft und denkt, dass er seine Eltern nicht zu fragen braucht, weil es doch sein eigenes Geld ist, zeigt das große Respektlosigkeit seinen Eltern gegenüber. Insbesondere Eltern und Kinder haben eine endlose Verbindungs-Beziehung. Deshalb ist Kommunikation wesentlich, egal ob die Kinder alleine oder mit den Eltern zusammen leben. Das wird die gegenseitige Liebe sehr vertiefen und so können sie echtes Glück miteinander teilen.

Schöne menschliche Beziehungen entstehen durch Kommunikation und Gespräche. Sie helfen allen Beteiligten, auf dem korrekten Weg zu gehen und nützen ihnen; dann kann gemeinsam Glück erlebt werden. Ein Sprichwort sagt: „Selbst wenn ein Land wie eine Wüste ist, wo keine Pflanze wächst, können schöne Gespräche zwischen Menschen Blumen erblühen lassen, wo es zuvor keine gab."

Gespräche sind daher sehr wichtig im Umgang mit der Familie, mit Fremden oder mit wem wir auch immer verbunden sein mögen. Kommunikation bedeutet nicht Sprechen im Überfluss. Es ist nicht nötig, viel zu reden. Solange man richtig spricht, ist selbst ein einziges Wort schon ein richtiges Gespräch. Korrekte Rede kommt von einem wahren und reinen Geist. Daher ist es sehr wichtig, die drei Gifte durch Praktizieren zu beseitigen. Wahres Sprechen an dem Ort, an dem es kein Sprechen gibt, ist bereits eine Verbindung, die hergestellt wurde.

Man trifft die Eltern entsprechend des Karmas, das man hat

8170. 22. Oktober 2014, Lotus Buddhist Monastery

Es gab einmal einen alleinstehenden Vater, der eine Tofufabrik besaß. Er hatte drei Kinder, heiratete aber nicht, denn sein Ziel war es, hart zu arbeiten, um seine Kinder großzuziehen und sie studieren zu lassen. Eines der Geschwister wollte Arzt werden, aber die Studiengebühren für die Medizinuniversität sind im Orient und in Amerika sehr hoch.

Der Vater gab daher kein Geld für sich selbst aus, sondern verwendete es, um für die Ausbildung seiner Kinder zu sorgen. Sein Sohn wurde schließlich Arzt, aber er hatte überhaupt keine Dankbarkeit für die unentwegte Liebe und Unterstützung seines Vaters. Er beneidete sogar seine Kollegen im Krankenhaus, deren Eltern höhere gesellschaftliche Ränge hatten. Immer machte er seinem Vater Vorwürfe, dass er nicht gebildet sei und keine höhere Position innehabe.

Gleichzeitig sehnte er sich danach, eine reiche Frau zu heiraten, damit er nicht erleben zu müssen, was er bereits erfahren hatte - eine unangenehme Situation mit seiner Familie. Ganz offensichtlich wusste er nicht, was korrekte Funktion, Aufgabe und korrektes Benehmen eines Menschen sind. Wie kann also eine solche Person ein guter Arzt sein, dessen Aufgabe es ist, sich um den menschlichen Körper zu kümmern?

Eine solche Art von Mensch löst natürlich Zwietracht und Verwirrung in der Gesellschaft aus, was auch die Nachkommen beeinträchtigt. Deshalb müssen wir ständig darauf achten, Unwissenheit auszulöschen und anderen zu zeigen, was korrekte Funktion, korrekte Aufgabe und korrektes Benehmen bedeuten und wie sie aussehen sollten.

Als Menschen kommen wir weder alleine zur Welt, noch wachsen wir alleine auf. Wir existieren immer dank der Hilfe und Unterstützung anderer. Wer aber keine Dankbarkeit kennt, ist immer selbstgerecht und glaubt, dass Erfolg alleine durch seine eigene Anstrengung erzielt wurde. Besonders Menschen, die ihren Eltern keine Wertschätzung zeigen, ihnen Vorwürfe machen und sich respektlos verhalten, machen sehr schweres Karma. Gleichgültig wie die Situation ist oder was die Ursache ist: unsere Eltern sind unsere großen Vorbilder und unabdingbar für unser Überleben.

Trifft man gute Eltern, dann geschieht das aufgrund von Tugend; hat man schwierige Eltern, dann liegt das am Karma. Aber unser Leben geht weiter, entweder in diesem Leben oder im nächsten. Wenn wir daher in diesem Leben unseren Eltern gegenüber korrektes Verhalten zeigen und versuchen, ihnen unsere Dankbarkeit zu erweisen, dann werden wir mit einer solchen Geisteshaltung im nächsten Leben auf gute und angenehme Eltern treffen. Werden dagegen in diesem Leben den Eltern gegenüber sehr negative Handlungen ausgeführt, dann wird uns die Zukunft mit Sicherheit schwierige Eltern bringen.

Alles wird entsprechend unserer Gedanken, unserer Rede und unseren Handlungen entschieden und erreicht. Aus diesem Grund leitet uns Buddha Sok Ga Mo Ni an, korrektes Verhalten zu zeigen und immer gutes Karma zu machen. Das gilt nicht nur für den Umgang mit unseren Eltern, sondern für den Umgang mit Jedem. Wir sollten mit anderen mit echter Liebe und Wertschätzung umgehen. Dieser Ansatz wird erfolgreiche Personen hervorbringen, die die glücklichsten Menschen der Welt werden.

Die Beziehung zu den Eltern kann nie beendet werden

8196. 17. November 2014, Lotus Buddhist Monastery

Heutzutage berichten Medien, dass es in Familien dazu kommt, dass Familienmitglieder einander wegen finanzieller Auseinandersetzungen vor Gericht bringen. Solche unwissenden Handlungen, wie sie in den Zeitungen stehen, können von einem Menschen mit korrekter Ethik und Moral unmöglich begangen werden. Diese übelmeinenden Handlungen machen Menschen zu Feinden und erschaffen viel negatives Karma. Egal, welche Seite gewinnt, beide bauen miteinander nichts als Unmengen negativen Karmas auf.

Eltern sind überaus glücklich, wenn ihr Kind geboren wird und sie ziehen es mit großer, aufrichtiger, ja verschwenderischer Liebe auf. Wenn die Eltern ihren Nachwuchs aber übermäßig verwöhnen, dann reagieren die Kinder entsprechend dem, was sie von ihren

Eltern gelernt haben. Sie werden dann zu Erwachsenen, die wenig Bewusstsein für korrektes Benehmen haben. Nicht nur das: die verwöhnten Kinder haben nur ihren eigenen Vorteil im Sinn und denken nie daran, wie sie die älteren Generationen respektieren, ihnen Wertschätzung und gutes Benehmen zeigen können - ja, sie wissen nicht einmal, wie das geht.

Folglich werden die Eltern tief enttäuscht, wenn ihre Kinder groß geworden sind, und aufgebracht über ihr schlechtes Benehmen und sie möchten sogar jede Beziehung zu ihnen beenden. Eine solche Situation ist lächerlich, denn insbesondere eine Beziehung zwischen Eltern und Kindern kann niemals beendet werden.

Warum? Weil die Verbindung zwischen Eltern und Kinder sehr speziell ist und auf viele gemeinsame Lebenszeiten zurückgeht. Das ist der Grund, warum man in diesem Leben zu Eltern und Kindern wurde. Wenn aber eine konfliktreiche Beziehung zu den Eltern besteht, dann liegt das am negativen Karma aus einem früheren Leben. Aber so schwer das Karma auch sein mag, es ist immer möglich, einen neuen, liebevollen und fürsorglichen Umgang in einem neuen Durchgang der Beziehungen zwischen Eltern und Kindern zu beginnen. Dadurch kann man in diesem Leben oder im nächsten auf eine gute Verbindung treffen und daher eine glückliche Existenz haben.

Oft wollen Kinder frühzeitig ihr Erbteil, weil sie wegen eines Engpasses Geld brauchen. Wenn es wirklich notwendig ist, dann ist das natürlich etwas anderes. Aber manchmal wird diese Forderung nur aus Gier und selbstsüchtigen Nutzen gestellt. Obwohl die Eltern ihr Leben lang hart jeden Tag viele Stunden für ihr Geschäft gearbeitet haben, fordern die Kinder, dass sie das Unternehmen verkaufen, um Geldmittel zu erschließen. Für die Eltern ist dann eine kleine, ungemütliche Wohnung vorgesehen und eine magere monatliche

Zuwendung. Das ist eine unwissende Geisteshaltung und solch negative Beziehungen zwischen Eltern und Kindern machen die Gesellschaft hässlich.

Es ist richtig, dass Eltern und Kinder füreinander sorgen und einander Nutzen bringen. Das bringt höchstes Glück, denn Eltern und Kinder sind nicht zwei; sie sind eins. Aber einander weh zu tun, schadet tatsächlich der ganzen Familie.

Wenn bestimmte Menschen sehr erfolgreich sind, liegt das in Wirklichkeit nicht im Ruhm begründet. Wer eine korrekte Verbindungs-Beziehung zwischen Kindern und Eltern hat, ist eine wirklich erfolgreiche Person. Vergiss das nie.

Wer gegenwärtig seinen Eltern treu ergeben ist und sich um sie kümmert, kann sich sicher sein, dass die eigenen Kinder auch hingebungsvoll und loyal sein werden und sich um ihn kümmern werden.

Der Respekt zwischen Eltern und Kindern

8203. 24. November 2014, Lotus Buddhist Monastery

Verweilt man im Dunkeln, dann führt das dazu, dass man sich daran erfreut, die Fehler und das Fehlverhalten anderer aufzuzeigen; gleichzeitig ist man aber abgeneigt, eigene Fehler und Unzulänglichkeiten einzugestehen. Heimlich freut man sich, wenn andere nicht erfolgreich sind, gleichzeitig übertreibt man die eigenen kleinen guten Taten und gibt damit an.

Der Geist der Diskriminierung und Unterscheidung ist immer präsent und man ist der Meinung, dass man selbst rein ist und andere mit vielen Unreinheiten beschmutzt sind. Um sich aber wohl zu fühlen, muss dieser Geist ausgelöscht werden. Es gibt viele solche Fälle, ganz besonders wenn es um Kinder und Eltern geht.

Natürlich möchten alle Eltern stolz vorzeigen, wie gut ihre Kinder sind, denn alle Eltern lieben ihre Kinder; sie sollten aber auf ein solches Verhalten verzichten und Geduld haben. Vom Standpunkt der Eltern aus sieht alles ganz korrekt aus und so wollen sie es auch anderen mitteilen. Aber entsprechend ihres individuellen Karmas gehen manche Kinder unerwartet in die falsche Richtung, während andere auf dem richtigen Weg gehen.

Daher ist es für Eltern sehr wichtig zu praktizieren, um einen klaren Geist und eine gute Kommunikation mit ihren Kindern zu haben. Wichtig ist es auch, sie zu lehren, den älteren Generationen gegenüber korrektes Benehmen zu zeigen. Auf diese Weise lernen die Kinder für die Zeit, wenn sie selbst eine eigene Familie haben werden.

Natürlich lieben alle Eltern ihre Kinder, aber oft fühlen die Kinder nicht dieselbe tiefe Liebe wie ihre Eltern. Bis sie selbst zu Eltern werden, verstehen sie nicht, wie sehr die Eltern sie lieben. Es ist darum ganz offensichtlich, dass Eltern nicht nur ihre eigenen Meinungen und Gedanken berücksichtigen müssen. Sie müssen es verstehen, sich in die Situation ihrer Kinder zu versetzen. Dann werden sie leicht mit ihren Kindern in Einklang kommen, sie verstehen und ihnen helfen, auf dem korrekten Weg zu gehen.

Es ist nur korrekt für Eltern aufzuzeigen, wenn ihre Kinder etwas falsch machen. Eltern müssen ihren Nachwuchs auf eine angemessene Weise anleiten, denn das ist wahre Liebe. Aber auf jeden Fall hat ein Kind, sogar ein Säugling Buddha-Natur. Es ist daher sehr wichtig, dass jeder anderen gegenüber einen Geist des Respekts hat. Wenn Kinder und Eltern auf eine respektvolle Weise miteinander umgehen, werden sie keine Konflikte oder Probleme miteinander haben. Aber natürlich ist das Karma in Bezug auf das Eltern-Kind-Verhältnis bei jedem unterschiedlich.

Deshalb bereiten manche Kinder zu bestimmten Zeiten nichts als Probleme, während andere Kinder ihren Eltern Entspannung bringen. Es ist von allergrößter Bedeutung, dass Eltern mehr praktizieren, um die Unreinheiten in ihrem eigenen Geist zu beseitigen. Außerdem wird ein Geist der Ausdauer den Kindern gegenüber immer eine bessere und ausgewogenere Entwicklung sicherstellen.

Gute Beziehungen zu Eltern und Geschwistern

8350. 20. April 2015, Lotus Buddhist Monastery

Es gibt ein altes orientalisches Sprichwort: "Blut ist viel dicker als Wasser." Das bezieht sich auf Familienbeziehungen; sie gehen auf viele frühere Leben zurück, was auch der Grund ist, warum Familienverbindungen immer wieder auftauchen.

Hat man in früheren Leben keinen herzlichen Umgang miteinander gehabt, kann das zu Problemen im jetzigen Familienleben führen. Aber welche Art von Bindung auch immer geformt wurde, alle Schwierigkeiten können verschwinden, wenn man sich mit großer Sorgfalt um die Verbindungs-Beziehungen kümmert; dann wird es möglich sein, die Familie wieder in Einklang zu bringen.

Selbst wenn die gegenwärtigen Beziehungen zu anderen Familienmitgliedern einem nicht zusagen, ist es von großer Wichtigkeit, aufrichtig dafür zu praktizieren und danach zu streben, bessere Beziehungen herzustellen. Wenn man erkennt, wie wichtig und wie kostbar die Familie ist und dementsprechend handelt, dann wird sich alles gut entwickeln.

Je mehr die Familienmitglieder miteinander in Einklang sind, desto größer wird das Glück sein, das sich auf der wechselseitigen Abhängigkeit gründet. Dieser warme und positive Umgang miteinander kann wie eine große, behagliche, gute Mauer wirken. Es muss uns daher klar sein: besonders wenn eine Familie nicht in Harmonie ist, macht das alle unglücklich und leidend.

Um miteinander in Harmonie zu kommen, sollten wir zuallererst unsere Unwissenheit beseitigen und unentwegt und unablässig versuchen, mit anderen Familienmitgliedern zu kooperieren. Auf diese Weise können wir Vertrauen realisieren und auch, wie wichtig es ist, einander zu respektieren.

Kinder sollten zum Beispiel unter allen Umständen loyal zu ihren Eltern sein, und Geschwister sollten sich gegenseitig immer viel Erfolg wünschen. Man sollte immer sein Bestes geben, um anderen Familienmitgliedern aufrichtig zu helfen, wann immer sie es benötigen. Auf diese Weise kann die ganze Familie harmonieren und alle können ein angenehmes Leben haben. Wenn man jetzt ein harmonisches Familienleben hat, dann kann man auch in einem zukünftigen Leben eine gute Familie finden und ein sehr angenehmes und glückliches Leben führen.

Wir sollten danach streben, in einer Position zu sein, aus der wir unserer Familie hilfreich sein können, anstatt zu wünschen und zu hoffen, dass die Familie uns hilft. Eine solche Geisteshaltung wird immer alle glücklich machen. Es ist sehr wichtig, in der Lage zu sein zu helfen und nicht einfach nur die Unterstützung der Familie zu erwarten. Das ist echte Interdependenz, die unsere Fähigkeiten und unser Potential zum Vorschein bringt. Gleichzeitig werden uns andere dann wie einen Buddha respektieren, besonders unsere Familie.

Dankbarkeit für die Mütter

8369. 9. Mai 2015, Lotus Buddhist Monastery

Zu dieser Zeit vor ungefähr 2600 Jahren war Buddha Sok Ga Mo Nis Mutter in der letzten Phase ihrer Schwangerschaft. Diese letzten paar Tage vor der Niederkunft sind für jede Mutter die allerschwierigste Zeit. Königin Maya war aber auch sehr glücklich, weil die wichtigste Person von allen in diese Welt kam. Ein Kind zu bekommen, gab ihr ein freudvolles Gefühl, daher litt sie nicht wirklich und spürte die Schmerzen nicht einmal.

Aber der Tradition entsprechend musste sie zum Haus ihrer Mutter zurückkehren, um zu gebären. Zu dieser Zeit vor 2600 Jahren bereitete sie sich auf die Reise vor. Eine Mutter zu sein ist wundervoll - das Baby neun Monate im Bauch zu nähren und den eigenen Körper für diesen noblen Zweck zu opfern. Die Schwangerschaft ist für jede werdende Mutter eine sehr anstrengende und herausfordernde Zeit. Es gibt im Orient ein Sprichwort: „Beim Gebären scheint der blaue Himmel gelb zu werden." Die Geburt des Kindes verursacht das intensivste Leiden, aber sobald das Baby zur Welt gekommen ist, die Mutter es im Arm hält und es stillt, sind das die glücklichsten Momente, die eine Mutter haben kann. All der Schmerz und all das Unbehagen verschwinden.

Eine Mutter denkt nicht an sich selbst, und wendet ununterbrochen all ihre Fürsorge auf, um sicher zu stellen, dass es dem Baby gut geht und es die richtige Nahrung erhält. Wenn das Baby krank ist oder ein Problem hat, fühlt und erduldet auch die Mutter all das Leiden, durch das das Baby gehen muss. Das erstrangige Anliegen der Mutter ist es, dafür zu sorgen, dass das Kind alles hat, um gut aufzuwachsen. Wir sollten also unseren Müttern die tiefste Dankbarkeit zeigen für ihre große Liebe für uns.

Morgen ist Muttertag. Hätten unsere Mütter und Väter uns nicht in diese Welt gebracht, könnten wir jetzt nicht hier zu sein. Hätten wir nicht genügend Tugend gehabt, hätten wir unseren Eltern nicht begegnen können und wären daher nicht in der Lage gewesen, in diese Welt zu kommen. Wir müssen unsere Eltern daher aufrichtig wertschätzen und können auch auf uns selbst stolz sein. Vergesst nicht, im ganzen Universum können wir uns am glücklichsten schätzen, weil wir unseren Eltern begegnet und als Menschen in diese Welt gekommen sind. Und durch die größere Tugend, die wir uns erwerben, können wir schließlich auch dem Dharma begegnen.

Unter allen Menschen könnt ihr euch daher am glücklichsten schätzen. Wir sollten Buddha (das Absolute, die Wahrheit), Dharma und Sangha wertschätzen. Wir sollten mit all unseren Fähigkeiten danach streben, korrekte, aufrichtige und loyale Schüler und auch Töchter und Söhne Buddhas zu sein. Auf diese Weise können wir unseren Eltern wirklich unsere Dankbarkeit zeigen.

Diejenigen, deren Eltern noch am Leben sind, sind besonders gesegnet und sollten sich um sie aufrichtig, und so sehr es ihnen möglich ist, kümmern. Durch diese Tugend können wir, Leben nach Leben, immer guten Eltern begegnen. Für diejenigen, deren Eltern schon verschieden sind, ist es sehr wichtig, immer die Geisteshaltung zu haben, dass ihre Eltern an einem guten Ort in der anderen Welt sind. Das wird ihnen helfen, als Menschen wiedergeboren zu werden und schließlich dem Dharma zu begegnen. Lasst uns daher von jetzt an alles tun, damit es unseren Eltern gut geht.

Frauen und Männer

8370. 10. Mai 2015, Lotus Buddhist Monastery

Alles Gute zum Muttertag!

Heute sollten wir nicht nur alle Mütter in der Welt ehren, sondern allen Frauen überall gratulieren. Frauen leisten zahlreiche bedeutende und segensreiche Beiträge zur Welt, besonders durch die ihnen gegebene Fähigkeit, Kinder auszutragen und sie auf diese Welt zu bringen. Wir müssen diese außerordentliche Fähigkeit aufrichtig wertschätzen. Es versteht sich natürlich von selbst, dass ohne Väter keine Fortpflanzung möglich wäre. Aber heute feiern wir den Muttertag, der in Wirklichkeit der Frauentag sein sollte. Lasst uns ihnen daher ganz herzlich gratulieren.

Frauen sind viel empfindsamer als Männer und neigen folglich mehr zum Denken. Sie haften deshalb oft an kleinen, winzigen Details an, was eine weitere Sicht auf das Leben und auf Situationen behindert. Unnötige Illusionen und Verblendungen müssen daher erduldet werden, die es schwierig machen, auf dem Großen Weg zu gehen.

Aber Frauen, die die Drei Juwelen Buddha (das Absolute, die Wahrheit), Dharma und Sangha treffen und aufrichtig praktizieren, können erleuchtet werden und selbst zu Buddha und Bodhisattva werden. Haftet man aber am Selbst an, erzeugt das großes Leiden. Es ist daher für Frauen eine gute Praxis, all ihre Anhaftungen niederzulegen. Dieses Loslassen ist essentiell, um all das unnötige Denken loszulassen. Je stärker diese Voreingenommenheiten niedergelegt werden, desto leichter können Frauen aus der Tür des kleinen Geistes treten. Diese Offenheit gibt ihnen die Möglichkeit, viel mehr und viel tiefere Erkenntnisse zu haben als Männer.

Auf der anderen Seite sind Frauen durch größeres Mitgefühl ausgezeichnet. So wie sie das Baby an ihrem Busen wiegen, wissen Frauen dank ihres ungemein teilnahmsvollen und fürsorglichen Geistes, wie sie andere ermutigen können.

Die Trennung zwischen Männern und Frauen wurzelt im individuellen Karma. Aber am Ort der Wahrheit - welcher der Ort Buddhas ist - gibt es keine Unterscheidung zwischen Männern und Frauen. Sie sind absolut eins und gleichzeitig ist dieses Eine unser wahres „Ich". Daher ist es nicht weise, zwischen Männern und Frauen zu unterscheiden. Aber diese gegenwärtige Zeit erfordert natürlich eine schärfere und klarere Trennung zwischen Männern und Frauen.

Aber Männer, weil sie Männer sind, und Frauen als Frauen haben verschiedene Eigenschaften. Der Geist von Männern hat ungeheuer großen Mut, während Frauen andererseits einen mitfühlenden Geist haben. Und wenn diese beiden Arten von Geist zusammenkommen, verschwindet das Leiden und das Glück zeigt sich in Überfülle.

Die Energie der Sonne offenbart sich im Mann und die Energie des Mondes wird von der Frau verkörpert. Entsprechend ihrer Harmonie und Liebe erscheinen Menschen. Wenn daher Männer und Frauen jenseits aller Unterscheidungen jeder und jede für sich ihre korrekte Funktion und Aufgabe erfüllen, dann wird in der Familie Friede herrschen. Diese Harmonie wird wiederum mehr Frieden in diese Welt bringen.

Heute ist Muttertag. Lasst uns also jede einzelne Frau wertschätzen. Alles Gute zum Muttertag!

Ein orientalisches Sprichwort besagt, dass eine weise Frau sogar

10.000 Soldaten und 10.000 Pferde verpflegen kann. Gleichzeitig bestellt der Mann das Land, um all die Soldaten und Pferde zu versorgen.

Erziehung der Kinder

8375. 15. Mai 2015, Lotus Buddhist Monastery

Alle Eltern lieben ihre Kinder. Allerdings wird diese Liebe oft auf eine Weise gezeigt, durch die die Kinder verzogen werden; ihnen wird dann nicht beigebracht, korrekte Ethik und Manieren von einem frühen Alter an einzuhalten. Weil sie nicht korrekt erzogen werden, wird es für die Kinder schwierig, die Liebe ihrer Eltern korrekt anzunehmen und zu empfangen. Sie fordern dann zu viel von ihren Eltern und wenn sie nicht bekommen, was sie wollen, machen sie ihren Eltern Vorwürfe.

Die Ursache für so ein Verhalten liegt nicht nur in den Problemen der Kinder, sondern auch in den Eltern, die es nicht zustande bringen, sie korrekt großzuziehen. Eltern und Kinder teilen eine Verbindung, die so ist, als ob sie denselben Körper hätten, wobei sich der Geist aber natürlich von Individuum zu Individuum unterscheidet. Gerade deshalb brauchen alle Kinder ganz besonders eine korrekte Anleitung und korrekten Unterricht.

Wenn Eltern ihren Kindern zum Beispiel beibringen, ihnen treu ergeben zu sein, dann werden die Kinder dieses Wissen wiederum an die künftigen Generationen weitergeben. So werden sehr korrekte Ethik und Manieren zu allen Zeiten vorherrschen - in der Familie und auch in der Gesellschaft. Und wer gelernt hat, seinen Eltern treu ergeben zu sein, weiß auch, anderen gegenüber loyal zu sein. Wenn sie groß werden, sind sie loyal zu ihrem Land, ihrem Arbeitsplatz und jedem, dem sie begegnen und nützen ihnen allen.

Im Gegenzug werden sie zu respektierten Menschen, wo immer sie hingehen.

Von klein auf hatte Buddha Sok Ga Mo Ni Seinem Vater und auch Seiner Stiefmutter gegenüber korrekte Manieren und war ihnen treu ergeben. Weil er loyal war, folgte Er immer ihren Lehren und Ratschlägen und war allen Familienmitgliedern treu. Daher wurde Er schon als junger Kronprinz geliebt und respektiert und niemals alleine gelassen.

Manchmal kommt es vor, dass Kinder, denen die Eltern keine korrekte Erziehung angedeihen ließen, die richtigen Manieren bereits spontan kennen und wissen, wie man dementsprechend mit anderen umgeht; das liegt am guten Karma des Kindes aus einem früheren Leben. Solche Kinder erstaunen ihre Eltern manchmal richtiggehend und bereiten ihnen eine freudige Überraschung.

Auch wenn die Eltern nur ein einziges gutes Verhalten lehren, kennt das Kind so bereits mehr als zehn davon. Die Eltern fühlen sich dann immer wohl, weil sich die Kinder als aufrichtig und loyal erweisen. Wird den Kindern daher von klein auf korrekte Ethik und korrektes Verhalten vermittelt, verursachen sie keine Probleme - wo auch immer sie hingehen - und sie bemühen sich stattdessen, andere zufriedenzustellen. Sie werden großartige Bürger ihres Landes und der ganzen Gesellschaft. Ein altes Sprichwort besagt, dass Kinder mit korrekten Manieren das ganze Land retten können.

Umgang mit schwierigen Kindern

8417. 26. Juni 2015, Lotus Buddhist Monastery

Wenn man mit einem starken Ich-mein-mich aus einem früheren Leben an sich selbst anhaftet, dann führt das dazu, dass man

Schwierigkeiten hat, diese egozentrischen Gewohnheiten abzulegen, obwohl man in diese Welt wiedergeboren wurde. So hat man von klein auf die Tendenz, den persönlichen Begierden zu folgen und nie auf andere, nicht einmal die Eltern, zu hören; für diese ergeben sich daraus viele Probleme. Während man aufwächst, schafft man dann für andere viele Unannehmlichkeiten, wodurch in der Schule und zu Hause viele Hindernisse entstehen. Solchen Kindern sollte man Fürsorge und Liebe im Überfluss geben. Wenn das nicht geschieht, könnten sie in die falsche Richtung gehen und, nachdem sie das Elternhaus verlassen, einen sehr schwierigen Lebensweg einschlagen.

Je schwieriger die Kinder es den Eltern machen, desto größer sollte die Aufmerksamkeit und die Fürsorge sein, die man ihnen zuteilwerden lässt - und zwar trotz der Belastung, die man erfährt. Solche problematischen Kinder denken, dass sie immer recht haben und machen daher zahlreiche Fehler.

Und sie möchten auch auf keine Lehre hören, die ihnen nützen würde. Wenn sie älter werden, machen sie viele unangenehme oder schwierige Erfahrungen, die ihnen schließlich und endlich viele Erkenntnisse bringen. Obwohl sie also sehr gut und angenehm leben könnten, erschaffen sie sich tatsächlich ein hartes und unangenehmes Leben.

Solche Kindern sollte man daher ganz besonders die Lehren Buddhas lehren; dann können sie Zuflucht zu Buddha (dem Absoluten, der Wahrheit), Dharma und Sangha nehmen und sogar von einem frühen Alter an lernen zu praktizieren.

Heutzutage sind zum Beispiel viele Kinder süchtig nach Computerspielen und sie möchten nicht lernen. In diesem Fall ist es das Beste, wenn die Eltern ihnen geduldig raten, mehr Aktivitäten im Freien nachzugehen, wie Sport und Athletik und nahe der Natur zu sein. Computer sind natürlich ein hervorragendes Lernwerkzeug, wenn sie vernünftig verwendet werden. Computer sollten genützt werden, um Einsichten über die Geschichte, die Naturwissenschaften, die Gesellschaft und die menschlichen Bemühungen und Unternehmungen im Leben zu gewinnen; und nicht nur um Computerspiele zu spielen.

Im Internet sind jetzt immens reichhaltige Bildungsinhalte zu finden. Deshalb sollte man Kinder dazu ermuntern, sich mehr für diese Richtung zu interessieren, anstatt zu spielen. Das wird das Aufwachsen nutzbringender und harmonischer gestalten.

Einheit in der Familie

8534. 21. Oktober 2015, Lotus Buddhist Monastery

Wir alle, die wir fühlende Wesen sind, kommen vom Ort Buddhas. Deshalb sind wir eine Familie. Wenn daher „eins" realisiert wird und weiter, tiefer realisiert wird, dann wird uns diese Tatsache zu eigen. Dann können - mit diesem Gedanken von „eins" - alle menschlichen Beziehungen im sozialen Leben und überall tatsächlich gerettet werden.

Außerdem sind durch diese Erkenntnis der Einheit echte Prosperität und hoch respektierte und wichtige Positionen möglich. Das bedeutet, dass das angenehme Leben des Buddha und des Bodhisattva Wirklichkeit werden kann.

Das wird veranschaulicht durch die Geschichte einer reichen Familie, die zwei Söhne und eine Tochter hatte. Der Vater war alt und es war Zeit für ihn, in die andere Welt zu gehen. Und so sagte er, versammelt mit seiner Frau, seinem ältesten Sohn und seiner Tochter, der erste Sohn würde einen größeren Anteil am Erbe erhalten, weil er die Verantwortung habe, sich um seine Mutter und den Haushalt zu kümmern.

So erhielt also der Erstgeborene ein größeres Erbe, während der zweite Sohn einen kleineren Betrag bekam, weil er unabhängig und frei von Verantwortung für irgendjemand war. Die Tochter war keine Begünstigte des Erbes, weil sie bereits verheiratet war und die Familie, in die sie geheiratet hatte, gut für sie sorgte.

Als aber der Vater starb, fand der zweite Sohn heraus, dass sein Bruder mehr geerbt hatte und er beschwerte sich daher und wollte seinen Bruder verklagen. Der erste Sohn hatte dadurch viele Probleme. Glücklicherweise glaubte er aber an Buddha und ging hilfesuchend zu seinem Meister, um zu fragen, was zu tun und was die korrekte Handlung sei.

Der Meister riet ihm: "Wir sind nicht zwei, sondern eins. Daher ist es besser, Deinen Bruder haben zu lassen, was immer er möchte." Zuerst zögerte der ältere Sohn, diesem Rat Folge zu leisten; aber er glaubte doch an das, was der Meister einst einmal gesagt hatte - „Einheit". Er ließ daher dem Bruder seinen Willen und er behielt nur ein kleines Erbe. Nachdem er sein Vermögen dem Bruder gegeben hatte, gab er den Rest seiner Erbschaft dem Meister, denn er hatte den Tempel immer hoch geschätzt. Sein restliches Geld investierte er.

Diese Investition wurde wertvoller und brachte ein viel größeres Einkommen ein, als es das Vermögen des Vaters erbracht hätte. Er gab daher seiner Schwester den Rest, der nach dem Investment übrig geblieben war, denn sie hatte vorher noch nichts erhalten. Danach wurde er von seinem Vorgesetzten in eine höhere Position befördert. Obwohl er dem Bruder viele Anteile abgegeben hatte, war er mit seiner Situation immer noch sehr glücklich.

In der Zwischenzeit investierte der zweite Sohn in ein Unternehmen, das dann Bankrott machte. Er bekam daher gar nichts.

Und daher ist es so: Für andere zu arbeiten, bedeutet in Wirklichkeit für sich selbst zu arbeiten. Denke an das Sprichwort: „Andere und ich selbst sind nicht zwei.“ Wenn das erkannt wird, gibt es keine Notwendigkeit, andere zu beschuldigen oder sich über sie zu beklagen. Vielmehr ist es immer das Beste, andere wertzuschätzen. So kann man erkennen, was es einem bringt, mit Glück und Freude für andere zu arbeiten.

Tugend ansammeln

8537. 24. Oktober 2015, Lotus Buddhist Monastery

Kinder beobachten stets ihre Eltern und erlernen dementsprechend von ihnen ihre eigene Art zu sprechen, zu handeln und sogar ihre Gewohnheiten. Deshalb müssen Eltern ihren Kindern gute Vorbilder sein. Das ist besonders wichtig, wenn der Nachwuchs jung ist, damit sie dazulernen und zu guten und wundervollen Menschen heranwachsen können; dann werden sie die Freude erfolgreicher Leben haben.

Seit alten Zeiten war es daher ausschlaggebend zu fragen, wer die Eltern waren und was sie taten, wenn man jemanden einschätzen und über ihn ein Urteil finden wollte. Man glaubte, dass diese Überprüfung der Eltern zu einer korrekten Einschätzung des Menschen führt. Natürlich hat jeder ein anderes Karma, aber Karma, das von diesen Faktoren und Umständen bestimmt wird, ist sehr wichtig.

Deshalb ist es ganz wesentlich, uns selbst klar zu machen und uns in korrekten Handlungen zu engagieren - auf eine Weise, die für andere angenehm und nutzbringend ist. Ebenso sollte jede

Anstrengung unternommen werden, um stets ein gutes Beispiel in allen menschlichen Interaktionen zu sein. Mit einem solchen Verhalten werden wir große Komplimente hervorrufen, die wiederum Sicherheit und Tugend für uns selbst erschaffen.

Tugend entsteht durch Sprache und Handlung und wird durch sie verdient. Es ist daher ganz egal, wie klug oder gebildet man ist: Bereitet man anderen Ärger und Unbehagen, wird man deswegen das ständige Ziel von Beschwerden. Dann ist es unmöglich, Tugend anzusammeln. Und weil kein Verdienst erworben wird, ist es schwierig, erfolgreich zu sein, was wiederum zu Stress und Armut führt. Gleichzeitig ist man dann, um überleben zu können, auf die Abhängigkeit zu anderen angewiesen.

Hat man gegenwärtig einen Mangel an Tugend, führt man ein Leben der Bedrängnis. Daher wird es notwendig, den eigenen Geist zu entspannen und die Negativität, die er hat, auszulöschen. Praktiziert man fleißig und unternimmt ohne Faulheit jede sorgfältige Anstrengung, um anderen von Nutzen zu sein, dann wird dadurch definitiv viel Tugend erschaffen und angesammelt.

Benützt man aber andere, übervorteilt sie und setzt sie herab, um den eigenen Vorteil zu verfolgen, dann wird auch die kleinste Tugend ausgelöscht. Eine solche Selbstsucht erschafft eine Existenz extremer Not und großen Schmerzes.

Bekanntlich ist unter den Sechs Paramitas das Paramita mit der größten Bedeutung das Paramita des Gebens. Verschafft man sich aus dem Geben anderer gierig Vorteile, löscht das auch die wenige Tugend aus, die man haben mag. Deshalb ist es das Beste, immer den Geist des Gebens zu haben; und ebenso stets die Wichtigkeit der Drei Juwelen Buddha (das Absolute, die Wahrheit), Dharma und Sangha zu erkennen und ihre Kostbarkeit.

Wenn man das einmal wirklich zu schätzen weiß, wird man sich nie mehr wegen Armut sorgen müssen.

Wir können existieren, weil es die anderen gibt
8751. 25. Mai 2016, Lotus Buddhist Monastery

Wenn man die Einstellung hat, sich um die Familie oder andere Menschen zu kümmern, mit denen man verbunden ist, und auf sie die Aufmerksamkeit zu lenken, dann wird das allen Nutzen bringen. Aber ein Leben, in dem man sich nur auf den eigenen Vorteil konzentriert und sich dabei so verhält, als ob man anderen große Fürsorge angedeihen ließe, erschafft heuchlerische Handlungen, die eine Bürde für andere sind.

Je größer aber der fürsorgliche Geist in einer Familie ist, desto mehr wird in der Familie ein sicherer Geist vorherrschen. Fehlt allerdings dieser fürsorgliche Geist, wird sich die Beziehung zwischen Eltern und Kindern entfremden. Es ist daher gleichgültig, wie erwachsen oder alt die Nachkommen schon geworden sind, für die Eltern bleiben sie immer ihre Kinder, um die sie sich mit einem dementsprechend liebenden Geist kümmern.
Wenn aber entweder die Eltern oder die Kinder herrschsüchtig werden und auf ihren individuellen Ideen auf ihrer Selbstzentriertheit bestehen, dann gibt es wenig Verlangen nach Harmonie, dann lassen sie einander vielmehr leiden. Aber ein Geist des Respekts wird diese Familie sehr glücklich machen.
Aber eine Familie, in der die Kinder sehr geliebt werden und in der ihnen erlaubt ist zu tun, was sie wollen, ist auch nicht der korrekte Weg. Wenn die Eltern meinen, dass jedes von ihnen in Ordnung und klug ist und sich nach dem richten, was die Kinder meinen, dann ist es wichtig, darüber zu reden, um einander zu verstehen und auf dem Mittleren Weg zu gehen. Dann können die Kinder

und die Eltern ihre Verantwortung wahrnehmen und es wird daher keine gegenseitigen Schuldzuweisungen geben. Sie können sich aufeinander verlassen, während sie gleichzeitig unabhängig sind. Es geht daher nicht nur um einen selbst, es ist sehr wichtig, einen aufrichtig fürsorglichen Geist für andere zu haben. Das „Ich-mein-mich“ wird sich verringern und das wird den Wert und die Wertschätzung erhöhen, die man empfängt, was wiederum offensichtlich zu Zufriedenheit mit sich selbst führen wird. Das lässt Bodhisattva-Handlungen spontan entstehen und führt dazu, dass wir von anderen wirklich gebraucht werden.

Die Wahrheit ist, dass wir nur deshalb existieren können, weil es die anderen gibt. Es ist schwierig, ohne sie zu überleben. Das bedeutet, dass wir gemeinsam existieren und gemeinsam leben und das ist der Grund, warum dieser Globus schön ist.

Paare

Finde jemanden, der zu 75 % zu dir passt

6758. 10. Dezember 2010, Lotus Buddhist Monastery

Es wird fast nie jemanden in dieser Welt der fühlenden Wesen geben, der einem zu 100 Prozent passt, wenn man eine Beziehung zu ihm hat. Jeder hat sein individuelles Karma. Die Persönlichkeit, die Konzepte und das Denken jedes einzelnen sind verschieden. Deshalb ist es schwierig, jemanden zu finden, der wirklich zu einem passt und den man wirklich, ganz wirklich mag.

Versucht man daher, jemanden zu finden, den man wirklich, ganz wirklich mag, und der einem passt, macht man sich in Wirklichkeit selbst unwissend. Hat man solche Erwartungen, wird man auch ständig nach jemandem Ausschau halten, der besser ist als derjenige, mit dem man zusammen ist. Man trifft sich dann unentwegt mit neuen Leuten und schneidet Verbindungs-Beziehungen ab. Das führt dazu, dass man schließlich alleine ist und ein einsames Leben führt.

Es gab zum Beispiel jemanden, der niemanden finden konnte, den er wirklich, ganz wirklich mochte, und der ihm passte. Er entschloss sich, sein Dorf zu verlassen und an einen Ort zu gehen, wo es sonst niemanden gab. Am Anfang wurden die Vögel und die anderen Tiere seine Freunde. Aber kurze Zeit später verursachten ihm manche Vögel Kopfschmerzen, einige andere Tiere versuchten, ihn zu beißen, einige zeigten keine Dankbarkeit oder Wertschätzung und manche versuchten sogar, ihn anzugreifen. Er wurde sehr aufgebracht. Er konnte niemanden finden, der ihm wirklich, ganz wirklich passte.

Es ist einfach so: In dieser Welt der fühlenden Wesen müssen wir mit anderen leben. Aber es ist schwierig, jemanden zu finden, den du wirklich, ganz wirklich magst und, der dir passt. Aber oft kannst du nicht andere dafür verantwortlich machen - denn: magst du dich selbst wirklich, ganz wirklich, die ganze Zeit über?

Wenn man jemanden finden möchte, der wirklich zu einem passt, sollte man ernsthaft Zuflucht zu Buddha (was bedeutet: das Absolute, die Wahrheit), Dharma und Sangha nehmen und praktizieren, um sein wahres „Ich“ zu finden. Man sollte auch einen sehr liebenden und mitfühlenden Geist für alle fühlenden Wesen haben. Und man sollte dankbar sein, dass man sie mag. Tut man das, wird man jemanden finden, den man wirklich, ganz wirklich mag, und der einem passt.

Bis das der Fall ist, gilt: Wenn du mit jemanden zusammen bist, der dir passt und den du zumindest zu 75 % magst, dann bist du in menschlichen Beziehungen erfolgreich. Du solltest dann dankbar sein und diese Verbindungs-Beziehung als kostbar schätzen. Versuche immer, solange als möglich zusammen zu bleiben.

Eine Frau trifft eine Entscheidung

7047. 25. September 2011, Lotus Buddhist Monastery

Man selbst ist es, der das eigene Leben gestaltet. Wenn man daher meint, dass das eigene Leben und insbesondere die Beziehungen, die man hat, nicht zufriedenstellend sind, dann sollte man die Einstellung haben, Beziehungen und die eigene Situation in eine bessere, positivere Richtung zu entwickeln. Da sich das Leben eines Menschen je nach dem entwickelt, wonach er strebt, kann es sich stets verändern und in eine bessere Richtung geleitet werden.

Alle fühlenden Wesen leben im Haus Buddhas (des Absoluten, der Wahrheit) und sie erhalten den Schutz Buddhas. Deshalb können wir in dieser Welt existieren. Wenn wir daher den Geist auf Buddha, Dharma und Sangha ausrichten und mit ganzem Herzen praktizieren, kann das Karma der Vergangenheit ausgelöscht werden. Und gegenwärtig kann das gute Karma des Wohlstands erschaffen werden, sodass die Zukunft ein sehr erfolgreiches und glückliches Leben bringen wird.

Man braucht aber eine korrekte und weise Methode, um das zu erreichen, und die lehrt uns Buddha stets; alles was wir daher zu tun haben, ist, sie zu lernen, ihr zu folgen und an sie zu glauben.

Es gab zum Beispiel einmal ein Paar, das sich zuerst sehr liebte; daher heirateten sie, obwohl ihre Situation nicht besonders gut war. Aber irgendwie hatte die Frau viel bessere Fähigkeiten, Geld zu verdienen; so sehr der Mann sich auch bemühte - weder sein Geschäft noch die Situation an seinem Arbeitsplatz entwickelten sich gut.

Daher blieb der Ehemann schließlich zu Hause, während die Frau einen Job annahm. Eine Zeit lang ging alles gut. Aber an einem bestimmten Punkt betrachtete sich die Frau selbst und kam zu dem Schluss, dass ihre Situation nicht gut war; denn sie sah, dass andere Frauen von ihren Ehemännern unterhalten wurden. Weil sie diesen trennenden Geist hatte, begann das Paar hin und wieder zu streiten.

Aber dann hörte sie die Lehre Buddhas, eine gebrauchte Person zu werden, die in der Lage ist, anderen zu helfen und gleichzeitig viel Tugend aufzubauen. Als sie dann über ihren Ehemann nachdachte, konnte sie erkennen, dass er nicht genug Tugend hatte, sie hingegen schon. Sie erkannte, dass sie in diesem Leben die Chance hatte, ihren Verdienst zu teilen; und gleichzeitig konnte sie ihren Ehemann schätzen, weil er in der Lage war, im Haus all das zu machen, was sie nicht tun konnte.

Die Folge daraus war, dass all ihr Stress verschwand; da entschied sie sich, eine sehr hilfreiche Person zu werden, die von anderen gebraucht wird - für ihren Ehemann und für andere.

Harmonie von Yin und Yang

7071. 19. Oktober 2011, Lotus Buddhist Monastery

Immer wenn ein Mann und eine Frau, die in einer Beziehung sind, viele Erwartungen und Sehnsüchte haben und sehr viel voneinander verlangen, wird das zu Problemen führen. Gleichzeitig verliert das Paar das Vertrauen zueinander und schließlich werden sie nicht mehr fähig sein, die Beziehung fortzusetzen.

Wenn aber der Mann und die Frau, anstatt etwas von dem anderen zu erwarten, zu wünschen oder zu wollen, einander mit der Einstellung beistehen, sich gegenseitig zu geben und glücklich zu machen, und dementsprechend handeln - dann wird sich diese Art von Verbindungs-Beziehung nicht ändern. Ganz im Gegenteil wird die Liebe zueinander ständig wachsen und größer und tiefer werden.

Eine Partnerschaft sollte nicht geschlossen werden, weil einer schwach ist und der andere stark. Sie sollte ausschließlich auf einem Leben der Fürsorge, auf gegenseitigem Vertrauen und Glauben aneinander basieren. Entwickelt sich die Beziehung aber entsprechend der jeweiligen Bedingungen der Partner - das heißt, manchmal glauben sie aneinander und manchmal nicht - dann wird das dazu führen, dass beide leiden.

Eine Beziehung zwischen einem Mann und einer Frau ist wie Yin und Yang, das ist die Naturenergie - Plus und Minus. Nach dem Gesetz der Natur müssen Plus und Minus harmonieren, sonst kann nichts zustande gebracht werden. Wenn ein Paar daher nicht harmoniert, wird aus dieser Beziehung nichts als negatives Karma entstehen.

Aber ein verheiratetes Paar, das Zuflucht zu Buddha, Dharma und Sangha nimmt, um ein harmonisches Leben miteinander zu haben, geht auf dem Großen Weg - dem Weg Buddhas. Sie praktizieren aufrichtig, weil sie selbst Buddha und Bodhisattva werden möchten und können ein schönes Leben und eine ewige Beziehung miteinander haben.

Es ist dann egal, wie viele Bedingungen jeder von ihnen auf dem Weg Buddhas oder dem Großen Weg haben mag - diese zwei werden zu einem werden, das heißt: kein „du und ich".

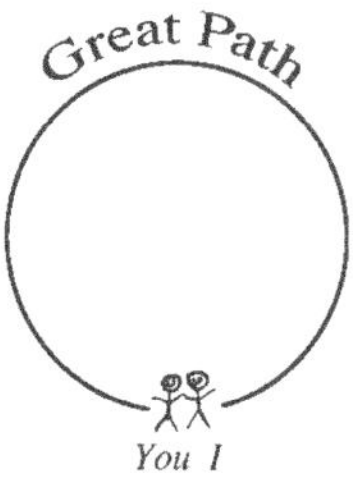

Beziehung und Karma

7105. 22. November 2011, Lotus Buddhist Monastery

Eine Verbindungs-Beziehung zu einem anderen Menschen kommt zustande, weil man bereits im letzten Leben oder in vielen anderen Leben mit dieser Person verbunden war und in Beziehung zu ihr stand. Auf die gleiche Weise wird man im nächsten Leben allen wieder begegnen, mit denen man im gegenwärtigen Leben zusammentrifft.
Wenn man im vorherigen Leben nicht klar war und eine Verbindungs-Beziehung hatte, die mit vielen Problemen belastet war,

wodurch man Beziehungs-Sal erschaffen hat, dann wird es im gegenwärtigen Leben schwierig sein, eine gute Verbindungs-Beziehung herzustellen; dadurch leidet man sehr.

Hatte man im letzten Leben und in vielen Leben davor gute Verbindungs-Beziehungen, dann wird man in diesem Leben Verbindungen zu einer guten Person herstellen. Man versucht dann, jedem zu helfen, den man trifft, sogar wenn das eine negative Person ist. Korrekte Verbindungs-Beziehungen nützen immer beiden; folglich ist man stets glücklich mit jedem, den man trifft, und hat kein leidvolles Leben.

Ein altes Sprichwort sagt: "Es ist der Himmel, der die Verbindungs-Beziehung eines Paares schließt." So sehr sich daher zwei Menschen auch mögen, manchmal ist es schwierig, eine herzliche Paarbeziehung herzustellen. Auf der anderen Seite können manchmal auch zwei Menschen, die einander nicht wirklich mögen, zu einem Paar werden.

Egal, was für eine Art von früherem Karma du hast: Wenn du gegenwärtig eine gute Paarbeziehung haben und glücklich sein möchtest, dann mach dir keine Sorgen wegen des früheren Lebens und sei nicht unsicher. Alles was du tun musst, ist, viel Tugend zu erschaffen, den Geist der Abneigung gegen andere auszulöschen und mit aller Kraft danach zu streben, eine Person zu werden, die von allen gebraucht wird.

Dann wird auch jemand, der bisher keine Paarbeziehung hat, die richtige Person treffen; und diejenigen, die schon ein Paar sind, können eine bessere Beziehung haben. So können alle in diesem Leben und im nächsten Leben ein glückliches Familienleben haben. Wenn man aufrichtig Zuflucht zu Buddha, Dharma und Sangha nimmt und wirklich an sie glaubt und ihnen nachfolgt und aufrichtig praktiziert, dann wird das Beziehungs-Sal verschwinden; stattdessen wird man wahres Glück finden.

Wenn man sich einen Schildkrötenpelz wünscht
7224. 20. März 2012, Lotus Buddhist Monastery

Mit denen zu leben oder zusammen zu sein, mit denen man eine Verbindung hat, kann oft gute Situationen erschaffen, aber auch schwierige. Liebende können sich daher miteinander manchmal sehr glücklich fühlen und dann wieder sehr schwierige Zeiten erleben.

Mit anderen zusammen zu sein und sie zufrieden zu stellen ist daher nicht leicht. Da wir als Menschen geboren wurden und mit anderen Menschen zusammen leben, ist das natürlich nicht so einfach; es tauchen viele Probleme auf. Wenn wir Menschen jedoch alle stets die Einstellung haben, andere zu achten und zu lieben und sie als etwas Kostbares sehen, dann können alle Schwierigkeiten und Leiden verschwinden, so schwer sie auch sein mögen.

Beziehungen, besonders die zwischen Partnern und Liebenden, entwickeln sich oft wegen der tiefen Unwissenheit jedes Einzelnen nicht reibungslos. Aber das wird nicht wirklich erkannt, wodurch auch Leiden für andere entsteht. Wenn sich daher eine Beziehung - sei es zwischen Partnern, Freunden oder anderen - nicht positiv entwickelt, dann führen Unwissenheit und die Eile, dem anderen die Schuld zuzuschieben, schlussendlich zu einem sehr einsamen Leben.

Unwissenheit in menschlichen Beziehungen wird durch den Wunsch verursacht, ein starkes Ich-mein-mich zu befriedigen. Man möchte, dass der andere ständig den eigenen Absichten und

Begierden entspricht. Aber diese Art von Wunsch zu befriedigen ist schwierig; das ist wie eine Person mit einem starken Ich-mein-mich, die aus einer Schildkröte eine Pelzjacke machen möchte.

Mit einem Geist der großen Liebe und des Mitgefühls ist aber nichts schwierig in menschlichen Beziehungen oder in Paarbeziehungen. Wenn du daher den Pelz der Schildkröte nicht finden kannst, dann koche den Reis ohne Korn und die Suppe ohne Flüssigkeit. Das wird anderen Befriedigung geben.

Unehrlichkeit in Beziehungen

7515. 5. Januar 2012, Lotus Buddhist Monastery

Vertrauen zueinander und der Glaube aneinander sind in einer menschlichen Beziehung von größter Wichtigkeit. Es kann keinen Glauben aneinander geben, wenn das gegenseitige Vertrauen fehlt. Zweifel und Misstrauen lassen eine Verbindung oder eine Liebesbeziehung abkühlen und angespannt werden. Deshalb ist Vertrauen das entscheidendste Element, wenn man Interaktionen zu anderen Menschen eingeht.

Es mag zum Beispiel jemand eine andere Person ganz aufrichtig lieben; er kann aber dem Partner nicht mehr vertrauen, weil der verschwiegen und nicht ehrlich ist und bestimmte Dinge verheimlicht. Diese Liebe verwandelt sich nach und nach in Zweifel, und zwar so sehr, dass eine solche Beziehung manchmal sogar beendet wird.

Es ist nicht weise, in einer liebevollen und fürsorglichen Beziehung etwas zu verbergen oder zu lügen. Wenn in einer bestimmten Situation gelogen werden muss, dann muss man das bereuen; das Beste ist aber, es ehrlich zuzugeben, wenn die Zeit dafür reif ist. Anstatt enttäuscht zu sein, wird der andere Partner mit einem mitfühlenden

Geist die Notwendigkeit sehen, die es gab, etwas zu verheimlichen oder zu lügen; und er wird das Ausmaß an Leiden und Unwohlsein verstehen, das jener erfuhr, der gelogen hatte.

Anstatt also den anderen zu beschuldigen, ist es besser, den Fehler hinzunehmen und zu akzeptieren; und man sollte die Ehrlichkeit wertschätzen, mit der die Wahrheit mitgeteilt wurde, denn dadurch wurde ein viel tieferes Band geknüpft.

Aber ein falsch verstandener Stolz kann - obwohl wirklich gelogen wurde - zu einem strikten Leugnen der Täuschung führen, wodurch der andere Partner nur noch mehr ins Zweifeln kommt. So jemandem wird nicht vertraut und er leidet wegen seiner Falschheit weiter. Deshalb heißt es in den Fünf Gelöbnissen, dass Lügen viel Verwirrung ins Leben bringen können, und daher leiten sie uns an, nicht zu lügen.

Im Geist der Wahrheit ist das, was eine Lüge zu sein scheint, keine Lüge. Diese Lüge wandelt sich in ein geschicktes Mittel und in diesem geschickten Mittel ist nicht einmal eine Lüge eine Lüge; sie muss als Möglichkeit gesehen werden, die Wahrheit zu sagen. Und wenn die Unreinheit des Geistes verschwindet, wird sich die Wahrheit ohne jegliche Spur selbst enthüllen.

Behandle deinen Partner wie einen Bodhisattva, Buddha.

7845. 1. Dezember 2013, Lotus Buddhist Monastery

Es altes Sprichwort besagt: "Eine Familie, die harmonisch miteinander verbunden ist, harmonisiert und vereint die ganze Gesellschaft und das ganze Land." Die Harmonie und die Liebe eines Paares sind sehr wichtig, denn durch sie wird das Glück der Kinder und der Familie erschaffen.

Aber ein Paar, das in Disharmonie lebt, verursacht unsagbares Leid für seine Familie, auch dann, wenn die wirtschaftlichen Umstände eines Landes noch so gut sind. Streit und Uneinigkeit können dazu führen, dass die Familie schließlich auseinanderfällt. Dagegen geben Partner, die einander lieben, ihren Kindern und allen in ihrem Haushalt Freude und Zufriedenheit. Wenn aber das Gegenteil der Fall ist, dann kann die intensive Belastung, die durch solche Verbitterung ausgelöst wird, Schmerz und Kummer hervorrufen, die man nicht in Worte fassen kann.

Wenn in einer Beziehung die Liebe eines Partners abkühlt, dann liegt das daran, dass beide Partner ein starkes Ich-mein-mich haben. Einer möchte dann den anderen besiegen. Es kann auch sein, dass einer der Partner einen starken Hang zum Heldentum hat und es deshalb an Respekt und Wertschätzung mangelt.

Sehr oft leidet ein Mann stärker als seine Frau, wenn sie stärker ist und meint, immer recht zu haben. Wenn aber der Mann stark ist und die Oberhand gewinnt, dann verliert die Familie unweigerlich ihren Frieden und ihre Ruhe. Die Ursache für diese unterschiedliche Reaktion der beiden ist, dass in Männern die Liebesseite stärker ist; wohingegen haben Frauen mehr Mitgefühl. Ohne gegenseitigen Respekt wandeln sich daher Liebe und Mitgefühl ausnahmslos zu einer entfremdeten Verbindung. Deshalb sollte die Liebe eines Mannes die Frau beschützen und umarmen, während eine mitfühlende Frau immer danach streben sollte, ihren Ehemann zu verstehen. Es ist daher das Beste, Anschuldigungen und Streitereien in einen Blumenstrauß aufrichtiger Komplimente zu verwandeln, damit die Familie harmonisch und glücklich sein kann.

Männer sind einfacher. Das ehrliche und aufrichtige Kompliment einer Frau, so klein es auch sein mag, wird dem Mann daher Energie geben. Die Frau ist von ihrer Veranlagung her - wegen ihres übermäßigen Denkens - nicht so einfach; deshalb sollte der Mann ihr mehr Sicherheit und Geborgenheit geben.

Eine Frau sollte mit einem Mann umgehen, als wäre er ein Buddha; und ein Mann sollte eine Frau als Bodhisattva ansehen. Auch sollte man stets bestrebt sein, alle Vorwürfe in einen Ausdruck des Lobes und der Wertschätzung zu verwandeln.

Habt eine gute Nacht.

Zu einem Geist und einem Körper werden

8016. 21. Mai 2014, Lotus Buddhist Monastery

Im Orient ist heute der Tag der Paare. Eine Paarbeziehung ist von großer Bedeutung, insbesondere wenn eine tiefe Harmonie zwischen den Partnern herrscht, die sie in wahrer Liebe miteinander verbindet. Das ist höchst förderlich für die Familie und ganz besonders für die Kinder, denn es ermöglicht eine positive und liebevolle Erziehung, die eine Grundlage für ein glückliches Familienleben schafft. Diese Freude und Zufriedenheit sind nicht nur für die Familie wertvoll und nützlich, sondern auch für das Wohlbefinden und die Freude all jener, die mit ihr und dem Paar in Verbindung stehen.

Dadurch können ein Land und eine Gesellschaft, deren Bürger friedvoll zusammenleben, gedeihen und Ruhe und Gelassenheit finden. Natürlich bilden auch viele Alleinstehende die Gesellschaft, aber davon abgesehen ist es ganz wesentlich, dass verheiratete Paare miteinander harmonieren. Gegenseitiges Vertrauen und Glaube aneinander sind notwendig, um ein friedvolles und freudvolles Familienleben genießen zu können. Aber eine Ehe, die auf Selbstnutzen

und dem Ich-mein-mich gegründet ist und keinen Gleichmut oder kein Vertrauen kennt, wird immer Probleme haben. Die Kinder einer solchen Verbindung leiden ganz besonders, während sie aufwachsen.
Deshalb heißt es in den Sutras, dass ein Paar zu einem Geist und einem Körper werden muss. Außerdem lehren sie uns: Um in diesem Leben verheiratet zu sein, muss ein Paar in früheren Leben viele Verbindungen zueinander gehabt haben oder als Familie gelebt haben. Wenn ein Paar in einem früheren Leben eine sehr gute Beziehung zueinander hatte und in diesem Leben wieder heiratet, werden die Partner eine sehr liebevolle Beziehung zueinander haben und seelenverwandt in einer überaus glücklichen Familie verbunden sein.

Dagegen werden Partner, die während zahlreicher vergangener Leben vielfältige Probleme miteinander hatten und in diesem Leben wieder als Paar vereint sind, weiterhin Zeiten der Not erleben. Trotz der Schwierigkeiten und Herausforderungen, die erlebt werden: wenn sich ein Paar ganz in den Dharma vertieft, Zuflucht zu Buddha (dem Absoluten, der Wahrheit), Dharma und Sangha nimmt und entsprechend praktiziert, wird es die Probleme beseitigen, die durch eine angespannte Beziehung entstehen. So kann - indem sich die Praxis vertieft - eine sehr glückliche Paarbeziehung gelebt werden.

Durch die Tugend, die durch die gegenwärtige Beziehung in diesem Leben erworben wird, kann das Paar im nächsten Leben wieder zusammenkommen. So wird die Einheit miteinander in ewiger Liebe aufgebaut, woraus ein großartiges und wundervolles Paar für alle Zeiten entsteht. Das ist der Grund, warum es in unserem Kloster die Praxis gibt, dass Paare das Gelöbnis ablegen, ewig verbunden zu sein, um allen zu nützen.
Ein verheiratetes Paar sollte die Beziehung zum Ehegatten - Ehe-

mann oder Ehefrau - als die wertvollste und engste menschliche Verbindung sehen. Insbesondere Paare sollten sich an das alte Sprichwort erinnern: „Der Ort ohne Sprechen oder Worte hat Sprechen; und wo es keine Bewegung gibt, gibt es Bewegung.“ Diese Bewegung bedeutet, dass man einander immer Glückseligkeit und erfüllte Befriedigung verschafft.

Sieben Arten von Frauen

8121. 3. September 2014, Lotus Buddhist Monastery

Buddha Sok Ga Mo Ni gab vor ungefähr 2600 Jahren im Okya Sutra einer Frau, sie sich sehr schlecht verhielt, eine spezielle Lehre. Er gab ihr sieben spezielle Erläuterungen, als Beispiele für verschiedene Arten von Frauen. Es sind dies folgende:

1. Die Frau, die nicht an ihren Ehemann denkt, sondern sich nur mit anderen beschäftigt. Sie ist ständig in verschiedene Männer vernarrt, die sie trifft. Und wenn ihr Mann krank wird, wünscht sie sich, dass er noch kränker wird oder sogar stirbt.

2. Die Frau, die all das Geld, für das der Ehemann sehr hart gearbeitet hat, für sich haben möchte. Eine solche Frau ist fast wie ein Dieb.

3. Die Frau, die nicht arbeiten möchte, aber eine große Vorliebe für Essen hat. Sie ist immer aufgebracht und versucht, ihren Ehemann zu beherrschen. Diese Frau ist wie ein Despot.

4. Die Frau, die sich um ihren Mann kümmert wie eine Mutter um ihr Kind. Zugleich nimmt sie all das Geld, das der Ehemann verdient, und verwaltet sein Vermögen wie eine Mutter.
5. Die Frau, die wie eine ältere Schwester ist und sich um ihren

Ehemann kümmert und ihn respektiert, so wie es eine Schwester mit ihrem Bruder tut.

6. Die Frau, die mit ihrem Ehemann wie mit einem Freund umgeht, den sie lange Zeit nicht gesehen hat; sie behandelt ihn wie einen Geliebten oder Freund. Wann immer sie zusammen sind, sind sie glücklich wie enge Freunde.

7. Die Frau, die niemals zornig wird oder dem Ehemann Vorwürfe macht, so aufgebracht er auch sein mag.

Buddha Sok Ga Mo Ni gab im Okya Sutra diese sieben Lehren. War eine Frau sehr negativ und bestand sie darauf, dass sie immer im Recht war, dann zeigte sich ein hochmütiges und aufdringliches Verhalten - nicht nur ihrem Ehemann, sondern auch ihrem Schwiegervater und dem Rest der Familie gegenüber. Sie neigte also dazu, sich in vielen negativen Handlungen zu ergehen. Deshalb musste ihr Buddha Sok Ga Mo Ni eine spezielle Lehre geben. Durch Seine Lehre erkannte sie schließlich ihre Fehler und wurde mit der Zeit eine gute Ehefrau und Mutter für ihre Familie.

Natürlich pflegen manche Paare eine ausgewogene und liebende Verbindung, die die ganze Familie glücklich macht. Aber in anderen Beziehungen kann sich die Frau wie ein Feind benehmen, der den Partner ständig verärgert und ihm Leid zufügt. Wer aber solche Qual und solches Unglück verursacht, erzeugt starkes negatives Beziehungskarma.

Diese Art von Karma führt in der Zukunft zu einem einsamen Leben ohne Partner. Gibt es doch einen Partner, wird die Partnerschaft nicht lange halten. Wer daher anderen Probleme verursacht, erschafft ein sehr ernstes Beziehungs-Sal. Dieses Sal erschafft viel intensives Leiden und bringt auch Einsamkeit und schlechte

Gesundheit mit sich.

Wenn man daher mit einem Partner gesegnet ist, sollte man ihn bitte wertschätzen und eine gute Beziehung zu ihm oder ihr pflegen - zum Nutzen beider Seiten.

Deine Probleme sind meine Probleme

8134. 16 September 2014, Lotus Buddhist Monastery

Hat in einer Partnerschaft oder bei einem Paar einer von beiden einen starken Stolz, dann heißt das, dass es einen Spalt in dieser Beziehung gibt, der viel mehr negativ ist als positiv. Wenn daher der Stolz eines Partners verletzt wird, wird die Verbindung angespannt.

Aber Stolz verschwindet natürlich, wenn die Liebe wahrhaftig ist; an seine Stelle tritt das übergeordnete Bestreben, sich umeinander zu kümmern, sich gegenseitig zu beschützen und einander Freude und Geborgenheit zu bereiten. Deshalb sagt man von Paaren seit jeher, dass sie Il Shim Dong Che sind, was auf Koreanisch bedeutet: "für einen Geist, einen Körper"; und in diesem einen Geist gibt es kein "du und ich". Deine Schwierigkeiten und Probleme sind meine Schwierigkeiten und Probleme. Dein Glück ist mein Glück und wenn dein Körper krank ist, kränkelt auch mein Körper. Diese Verbindung der Einheit vertreibt jegliche Arroganz; sie wird in gegenseitige Achtung verwandelt und in Wertschätzung dafür, wie kostbar der andere ist.

Erfolglose und aufreibende Beziehungen entstehen aber meistens durch verletzten Stolz. Um daher korrekte Verbindungen und einen harmonischen Umgang zu haben, sollte es zuallererst tiefe gegenseitige Wertschätzung geben. Weil sich zwei Menschen mit der Absicht verbinden, einander glücklich zu machen, sollten wir unseren

Partner immer als uns selbst betrachten - und darüber hinaus sogar als Buddha und Bodhisattva. Auf diese Weise gibt es für keinen der Partner einen Grund, sich verletzt zu fühlen oder übertriebenen Stolz zu haben. Es ist wegen dieses Vertrauens, dieses aufeinander Verlassens und weil man innere Sicherheit haben kann, dass alle Anstrengungen füreinander unternommen werden. Deshalb wird ungeachtet des Ausmaßes der unternommenen Bemühungen keinerlei Müdigkeit oder Erschöpfung erlebt. Vielmehr gibt es höchste Freude und Dankbarkeit für die Gelegenheit, füreinander zu arbeiten und einander wertschätzen zu können.

Verwandle deine Sehnsucht nach einem idealen Partner in den Wunsch, für deinen Partner da zu sein und für ihn zu sorgen. Dann wird das Leben angenehm sein und voll Glückseligkeit für alle beide. Wenn ich mir das anschaue, dann sind die ewigen Paare in unserer Sangha ein gutes Beispiel dafür. Sie teilen die herzlichsten Beziehungsbande miteinander mit einem sicheren Geist. Vielen Dank.

Was bei einer Trennung wichtig ist

8138. 20 September 2014, Lotus Buddhist Monastery

Oft geschieht es, dass zwei Menschen, die eine Verbindung zueinander herstellen und eine Beziehung eingehen, sich trennen oder sich schließlich scheiden lassen, wenn ihre Bedingungen nicht beachtet oder erfüllt werden. In einem solchen Fall muss jedwedes negative Gefühl füreinander beseitigt werden, um kein negatives Beziehungskarma aufzubauen und kein weiteres Leiden zu verursachen. Auch wenn es schwierig ist, negative Gefühle oder Empfindungen loszulassen und sie alle niederzulegen, ist das die beste Methode, einander wohl leben zu lassen. Wenn man das tut, kann man Beziehungskarma beseitigen und einander befreien.

Sich selbst aber als Opfer zu sehen, führt zu Wut, Eifersucht und dem Wunsch, dass der frühere Partner in einer neuen Liebesverbindung versagen möge. Auch intensive Rachegefühle tauchen auf; diese Art von Geisteshaltung vertreibt jedoch kein Beziehungskarma. Vielmehr wird mehr negatives Beziehungskarma erschaffen und eine noch stärkere Versklavung ohne jegliche Aussicht auf Befreiung.

Deshalb sollte jede Trennung oder Scheidung von einem Loslassen aller negativen Gefühle dem Partner gegenüber begleitet sein. Auf diese Weise kümmert man sich in Wirklichkeit um sich selbst. Aber intensiv am früheren Partner - Ehemann oder Ehefrau - anzuhaften und ihm nicht zu vergeben, sondern nur auf Rache zu sinnen, macht den eigenen Geist in Wirklichkeit sehr negativ und führt zu nichts weiter als Leiden.

Ganz egal, was der Grund oder wie die Bedingung sind: der Wunsch, dass es anderen schlecht gehen möge, erwächst aus einem unwissenden Geist. Daher ist es das Beste, die Einstellung zu ändern und den Blickwinkel zu weiten, sodass man alle Verbindungen zu schätzen weiß - jene, die gegenwärtig existieren und auch die vergangenen. Wünsche jedem, der mit dir verbunden ist, dass es ihm gut gehen und er erfolgreich sein möge. Den eigenen Geist auf diese Weise auszurichten und zu benutzen, erschafft sehr angenehme Umstände für dich selbst. Mit dieser Tugend wird dann in der Zukunft jemand auftauchen, der einen liebt und sich um einen kümmert.

Praktizierende: Lasst euch nicht von der Vergangenheit einfangen und schätzt stets das gegenwärtige Leben, das von Moment zu Moment gelebt wird. Geht ständig und jederzeit über gut und schlecht hinaus und schätzt alle, denen ihr begegnet. Eine solche Geisteshal-

tung, die andere hoch achtet, wird ein sehr glückliches und schätzenswertes Leben mit sich bringen.
Du und ich sind eins. Dein Glück ist mein Glück. Mein Glück ist dein Glück. Ist es also notwendig, einander leiden zu lassen?

Wenn das Verlangen nach einem Partner überhandnimmt

8150. 2. Oktober 2014, Lotus Buddhist Monastery

Von den drei Giften zeigen besonders die Gier und die Begierde und im Speziellen die Sehnsucht nach einem Partner an, dass viel Beziehungskarma angehäuft wurde - entweder früher in diesem oder in einem vergangenen Leben. Und wenn dieses Karma wirklich schwer ist, dann wird eine Beziehung, selbst wenn man einen guten Partner trifft, nicht lange halten. Es ist dann auch schwierig, echte Liebe vom Partner zu empfangen; vielmehr werden beide viele Enttäuschungen erleben. Deshalb sollten diejenigen, die an Beziehungskarma leiden, ihr Sehnen nach einem Partner aufgeben und sich darauf konzentrieren, ihr eigenes Karma auszulöschen.

Anstatt zu versuchen, die Liebe eines Partners zu finden, ist es weiser, die große Liebe Buddhas zu finden, welche ewig und unwandelbar ist. Erkenne das - und das wahre „Ich“ kann entdeckt werden und mit dieser Liebe kann jegliches Beziehungskarma aufgelöst werden. Wenn wir uns dann nach jemandem sehnen, der zu uns passt, den wir lieben und auf den wir uns verlassen können, dann werden wir einer solchen Person in der Zukunft begegnen und eine Beziehung wird möglich sein. In dieser Verbindung wird dann der Geist zweier Menschen zu einem und der sorgt wahrhaftig für den jeweils anderen. Außerdem kann diese Liebe zum Nutzen aller wirken.
Daher ist es das Beste, die Gier und die Begierde nach einem Partner abzuschneiden, sich in Selbstreflektion zu üben und sich

aufrichtig darum zu bemühen, Klarheit zu erlangen. Eine solche gewissenhafte Praxis wird es ermöglichen, automatisch all das zu erreichen, was man sich wünscht. Mit der Klarheit kommt auch die Klarsicht, mit der man wahrnimmt, wen man als Partner möchte und ob es die korrekte Person ist, mit der man den Rest seines Lebens verbringen möchte.

Hat man aber eine überwältigende Gier und Begierde nach einem Partner, ist das so, als ob die Augen mit einer Augenbinde verbunden wären. Entweder begegnet man unweigerlich der falschen Person oder man lässt sich einfangen, was nicht passieren sollte - beides führt zu Leiden, das größer ist als je zuvor.

Ein weiteres Beispiel wäre eine Frau bestimmten Alters, die sich einen Partner wünscht und ständig Männer mit ihren Augen fixiert. Sie bemerkt nicht, dass diese Art von unwissenden Verführungshandlungen sie nur noch mehr in die Dunkelheit führen wird.

Je älter wir werden, desto mehr sollten wir bestrebt sein, alle zu lieben und mit offenen Armen zu empfangen und für sie zu sorgen. Dann wird es möglich sein, ein sehr schätzenswertes Leben wahren Glücks zu führen. Wenn man sich so bemüht und doch keinen Partner findet, dann wird es immer jemanden geben, der Liebe und Fürsorge zeigt. Wenn wir älter werden, ist es daher wesentlich, Klarheit zu finden, die hilft, viel Tugend aufzubauen. Es ist auch sehr wichtig, gesund zu bleiben, denn im fortgeschrittenen Alter sollte man mit dem eigenen Körper auf korrekte Weise umgehen. Diese beiden Dinge können dann sicherstellen, dass wir für den Rest unseres Lebens zu Personen werden, die von anderen gebraucht werden. Das ist der einzige Weg; und wir sollten an andere als unseren Geliebten zu denken.

Die Begierde nach Sex

8190. 11. November 2014, Lotus Buddhist Monastery

Von den fünf Begierden sind die Begierde nach Essen und die Begierde nach Sex am schwierigsten abzuschneiden. Indem man sie beseitigt, kann man erkennen, wie man wirklich für das eigene Wohl sorgen kann.

Diese beiden Begierden verdunkeln die eigene Klarheit und erschaffen über zahlreiche Leben hinweg viel Leiden. Besonders schwierig ist es, den Körper unter Kontrolle zu halten, wenn man ein ständiges Verlangen nach Essen hat. Man macht seinen schönen Körper durch solche Exzesse krank, was es noch schwieriger macht, von dem Verlangen nach Essen loszukommen.

Die Begierde nach Sex ist sogar noch problematischer. Was immer infolge von sexuellen Begierden auftaucht, hält einen davon ab, eine korrekte menschliche Beziehung zu führen; es kann in große Enttäuschung münden und sogar die Lebensspanne verkürzen. So macht man sich zu einem Sklaven, was die Freude an einem freien und befreiten Leben unmöglich macht. Eine solche intensive sexuelle Begierde blockiert korrekte und ausgeglichene Beziehungen, erzeugt viel Beziehungskarma von Ursache-und-Bedingung und verlängert das Leiden.

Unser Leben, in das wir geboren werden, in dem wir alt und krank werden und dann sterben, ist sehr oft ein mühsamer Weg; aber es ist schwierig, seiner Beschreitung ein Ende zu setzen. Aber mit der Praxis und der Lehre Buddhas kann die Begierde nach Essen reduziert und vertrieben werden. Nahrung wird dann wirklich in der Menge genossen und konsumiert, die gebraucht wird. Diese Vorsicht und Zurückhaltung lassen jegliche Krankheit aus dem Körper verschwinden und bringen strahlende Gesundheit.

Schneidet man die Begierde nach Sex ab, wird es bald sehr deutlich werden, dass die Augen, die Ohren, die Nase und der Mund reiner werden und nicht an anderen anhaften. Gleichzeitig werden echte Liebe und Fürsorge für andere offensichtlich, was sehr schöne und wahrhafte Beziehungen ermöglicht. Männer und Frauen können echte bedingungslose Liebe erfahren. Obwohl die Sichtweise und die Handlungen jedes einzelnen unterschiedlich sind, kann dann einfach das Halten der Hände zu erfüllter Befriedigung zwischen Liebenden führen.

Im Falle eines Paares ist es natürlich eine andere Situation, denn eine intime Beziehung ist möglich, solange sie nicht übertrieben wird. Gleichzeitig können die einem übertragenen Aufgaben voll und ganz erfüllt werden und Unwissenheit, die Dunkelheit ist, wird beseitigt. Das Leben kann so sehr weise gelebt werden.

Auf diese Weise kann das Paar anderen nützen; und sie werden viel Zeit und Raum haben, sodass sie sich um alles, eines nach dem anderen, kümmern können - und alle können sich wohlfühlen und zufrieden sein.

Ein schwankender Geist in der Beziehung

8248. 8. Januar 2015, Lotus Buddhist Monastery

In menschlichen Beziehungen und besonders bei Paaren, Liebenden und Freunden, ist es am allerwichtigsten, einander zu glauben und zu vertrauen. Eine Verbindung ohne Glauben und Vertrauen bringt immer Probleme mit sich. Außerdem läuft diese kostbare Beziehung dann sogar Gefahr, beendet zu werden, und gegenseitige Schuldzuweisung und Abneigung führen zu einem sehr negativen Beziehungskarma. Besonders Paare und Liebende, die aneinander zweifeln, misstrauisch sind und den anderen ständig überwachen, erschaffen sich selbst viel Leid.

Wenn einer der Partner dem anderen plötzlich das Vertrauen entzieht, obgleich der nichts falsch gemacht hat, dann schleichen sich von da an Probleme in die Beziehung ein. Tatsächlich leiden beide Partner in höchstem Maße - der, der am anderen zweifelt, genauso wie der Beschuldigte. Und wenn sich die Beziehung entfremdet hat, wird man Schwierigkeiten haben, eine herzliche Verbindung wiederherzustellen. Zu einem solchen kritischen Zeitpunkt ist es am besten, einander nicht zu belasten, sondern vielmehr die eigenen Aufgaben von ganzem Herzen zu erfüllen und sich Zeit zu nehmen. Jeder Versuch sollte unternommen werden, um den Weg zu ebnen, das gegenseitige Vertrauen wiederherzustellen, und so eine Grundlage für eine bessere Beziehung zu schaffen.

Aber die Begierde nach einem Partner, der anders ist, und erst recht das Treffen eines neues Partners, zerstört das ursprüngliche Vertrauen. Es ist daher wesentlich und korrekt, am Anfang die richtige Wahl und die richtige Entscheidung zu treffen. Aber selbst nachdem man einem anderen Partner begegnet ist, ist man oft noch immer nicht zufrieden und möchte zum alten Partner zurück. Das ist der Zeitpunkt, an dem man die Unwissenheit, die eine solche Situation verursacht hat, gründlich bereuen sollte. Ein starkes Verbindungs-Beziehungskarma aus vielen früheren Leben ermöglicht es, dass Menschen wieder zusammenkommen. Allerdings wird das Vertrauen nicht so stark und aufrichtig sein wie zuvor. Deshalb sollten sich Paare umso mehr bemühen, eine bessere Beziehung aufzubauen.

All das passiert, weil der menschliche Geist schwankend ist und veränderlich. Er ist tatsächlich unbeständig und als Folge daraus entsteht Unwissenheit.

Aber mit ernsthaftem Vertrauen, Glauben und mit der Zufluchtnahme zu Buddha (dem Absoluten, der Wahrheit), Dharma und

Sangha und indem man den Geist Buddhas realisiert, kann Liebe und Vertrauen entwickelt werden; dadurch wird die Verbindung zu einer äußerst kostbaren Verbindung.

Immer wenn eine Bindung beendet wird, aus welchem Grund auch immer, spielt es keine Rolle, wer unrecht und wer recht hat. In jedem Fall ist es weise zu bereuen und zu praktizieren, denn auf diese Art kann das Beziehungskarma ausgelöscht werden.

Immer wenn eine Verbindung beendet werden muss, sollte man den Wunsch haben, dass es der anderen Person gut gehen und sie glücklich sein möge. Diese Art von Geisteshaltung wird dazu führen, dass man sich selbst wohlfühlt und der andere ebenso.

Nur für sich zu sorgen bedeutet nicht Selbstschutz

8324. 25. März 2015, Lotus Buddhist Monastery

Die Ursache, warum andere einen nicht mögen und sich von einem fernhalten, liegt nicht bei ihnen, sondern in dem, was man selbst erschaffen hat. Die Ursache ist in Wirklichkeit die starke Anhaftung am persönlichen Vorteil.
Diese Ursache wurzelt in Unwissenheit. Zum Beispiel arbeitet ein Paar am selben Arbeitsplatz, aber der Mann hat so viel Liebe für die Frau, dass er nicht möchte, dass sie so hart arbeitet. Er mag es also nicht und immer wenn sie bestimmte Arbeiten verrichtet, zeigt er einen missbilligenden Gesichtsausdruck.

Dieses Verhalten ist allerdings nicht das einer echten und aufrichtigen Fürsorge für den Partner. Vielmehr erzeugt es eine Trennung zwischen ihnen beiden und ihrem Arbeitsplatz. Wenn er wirkliche Anerkennung für ihre jeweilige Arbeit zeigen würde, wäre das hingegen ein Ausdruck echter Fürsorge. Wann immer die Frau für eine wichtige Aufgabe ausgewählt wird, würde er umso stolzer auf sie sein, weil sie sich so hohes Ansehen bei anderen erworben hat. Auf diese Weise arbeiten beide mit vollem Engagement und sammeln viel Tugend an.

Tatsächlich ist Selbstschutz etwas ganz anderes, als für sich selbst zu sorgen. Denn das erschafft vielmehr eine Trennung von allen anderen - denn wenn wir allen anderen wirklich beistehen, werden wir selbst zu respektierten und gesuchten Personen, ganz egal mit welchen Situationen wir es zu tun haben.
Aber persönlichen Gewinn zu verfolgen, nur um Bedingungen zu erfüllen, bringt in Wirklichkeit ein Leben der Enttäuschung als Vergeltung. Anderen wirklich beizustehen und für sie zu arbeiten führt dazu, dass wir von anderen ebenso aufrichtig und im gleichen Maß geliebt werden.

Eine Verbindungs-Beziehung zu Buddha (dem Absolutem, der Wahrheit), Dharma und Sangha zu haben, bedeutet aber sich wirklich zu beschützen, für sich selbst zu sorgen und sich zu nützen. Diese Verbindungs-Beziehung währt ewig und führt zu einem sehr sicheren und schönen Leben. Eine Verbindungs-Beziehung zwischen Partnern ist dagegen immer unbeständig, außer sie haben eine bestimmte Art von Gelöbnis und halten die Precepts ein.

Unterlassen, was den anderen stört

8392. 1. Juni 2015, Lotus Buddhist Monastery

Es ist weise, in menschlichen Beziehungen, auch Paarbeziehungen, das zu unterlassen, was der andere nicht mag. Eine solche Geisteshaltung wird stets gute Beziehungen fördern. Gegenseitiges Vertrauen und das Angewiesensein aufeinander werden zwischen den Partnern dann einen sicheren Geist entstehen lassen, der in Harmonie ist.

Oft kommt es aber vor, dass ein Partner wieder und wieder Handlungen und Worte wiederholt, die den anderen stören; damit bricht er ständig die Versprechen, die er gegeben hat. Durch ein solches Verhalten wird man zu einer nicht vertrauenswürdigen und zu einer unzuverlässigen Person, die die Missachtung anderer auf sich zieht. Wenn man andere verärgert und sie grundlos leiden lässt, dann erzeugt das sehr schweres Beziehungskarma. Das hat zur Folge, dass man Rückschritte macht und im Leben kaum vorankommt. Und ein solch schweres Karma macht es auch sehr schwierig, wieder einen menschlichen Körper zu erhalten, wenn man in der Zukunft wiedergeboren wird.

Deshalb heißt es in allen aufgezeichneten Sutras der ganzen Geschichte: wenn ein Mann und eine Frau - oder alle anderen Partner - sich fortwährend ärgern und quälen, dann wird ihre Tugend abnehmen. Es ist dann schwierig, im nächsten Leben als Mensch geboren zu werden.

Wer seine eigene Tugend in einem solchen Ausmaß verringert, wird es schwer haben, wieder als Mensch geboren zu werden. Das ist so, weil man als Paar sein Gelöbnis und sein Versprechen nicht einhalten konnte. Dann wird es offensichtlich auch sehr unwahrscheinlich sein, sich wieder zu begegnen. Wann immer ihr daher in einer Beziehung zu einem Partner seid, vermeidet es, irgendwelche falschen Handlungen auszuführen. Wiederholt nicht denselben Fehler wieder und wieder und enttäuscht einander nicht. Wenn man sich an diese Regeln hält, wird man ein sehr angenehmes und glückliches Leben haben.

Es ist überaus wichtig, pünktlich zu sein - und zwar in jeder Beziehung zwischen Mann und Frau und auch jeder anderen Art von Verbindung, etwa im Geschäftsleben. Zeit ist sehr wichtig; denn wer diszipliniert mit Zeit umgeht, dem vertraut man. Wenn man aber nicht auf die Zeit achtet und zum Beispiel immer zu spät dran ist und dann Ausreden vorbringt, erzeugt man Beziehungskarma. Dann wird man immer eine schwierige Existenz haben, Leben nach Leben.

Im Orient nahm man es daher von alters her wichtig, eine Person danach zu beurteilen, ob sie oder er sich an den Zeitplan hält oder nicht; das traf besondere auf das Geschäftsleben zu. Hält man sich an den Zeitplan, bedeutet das, dass man immer pünktlich ist, um seine Versprechen einzuhalten - und zwar egal, wie beschäftigt oder wie erschöpft oder müde man ist. Wenn wir uns zu beherrschen wissen, dann wissen wir auch, wie wir uns selbst wertschätzen können.

Wer die Zeit korrekt einhält, wird daher im Geschäftsleben sehr wohlwollend wahrgenommen und gerne eingestellt.

Wichtiger ist die Schönheit des Geistes

8407. 16. Juni 2015, Lotus Buddhist Monastery

Manche Frauen empfangen Liebe, weil ihre Gesichter schön sind. Aber gewöhnlich sind Frauen mit attraktiven Zügen oft sehr arrogant und egoistisch. Die vielen Komplimente, die sie erhalten, machen sie sehr eingebildet und sie meinen daher, dass sie die besten sind; und sie setzen andere oft herab.

Andererseits werden manche Frauen auch arrogant, weil ihnen viele Männer nachlaufen. So kann die Begierde und Gier der Männer manchmal hübsche Frauen selbstgefällig machen. Solche attraktive Frauen kümmern sich meistens wenig um ihren Haushalt, obwohl sie verheiratet sind. Sie verwenden ihre Zeit lieber damit, sich um ihre Körper und ihre Gesichter zu kümmern, was dazu führt, dass sich die Familie unwohl fühlt.

Es gibt da ein gutes Beispiel eines Mannes, der sich in eine schöne Frau verliebte. Als er aber mit ihrer Arroganz und ihrem Mangel an Sorge für den Familienhaushalt nicht mehr umgehen konnte, ließ er sich schließlich scheiden.

Als er wieder alleine lebte, begegnete er einer anderen Frau, die nicht sehr attraktiv war, die sich aber sehr engagiert um ihr eigenes Geschäft kümmerte und die auch die Zeit fand, sich um andere zu kümmern. Wenn jemand in ihrem Geschäft Hilfe brauchte, bot sie ihre Dienste kostenlos an. Und sie arbeitete ehrenamtlich in einem Seniorenheim. Der Mann erkannte, wie sehr sie sich um andere kümmerte. Anstatt ihr Äußeres zu beurteilen, begann er sich für ihre Güte zu interessieren und verliebte sich schließlich in sie. Sie heirateten dann und lebten miteinander sehr glücklich.

Er erkannte bald, dass nicht nur die Schönheit eines Gesichts wichtig ist, sondern ein schöner Geist noch viel wichtiger ist. Daher spielt es keine Rolle, wie ein Mann oder eine Frau aussehen. Am wichtigsten ist, wie man den Geist korrekt hält und verwendet. Dementsprechend wird dann entweder Glück oder Unglück erfahren.
Das Gesicht und die Form ändern sich natürlich ständig und viele von uns werden mit der Zeit alt. Wir können das nicht vermeiden. Unsere ursprüngliche Natur, das wahre „Ich", ist immer still. Die Stille in ihm ist voll Fürsorge und Liebe und wahrhafte Rede wird spontan hervorgebracht. So kann man zu einer Person werden, die sich wirklich um andere kümmert.

Menschen, die von anderen immer willkommen geheißen werden, die gebraucht und respektiert werden, sind - unabhängig von ihrem Äußeren - in Wirklichkeit die echten Miss und Mister Universum.

Anhaftung an die eigenen Konzepte bringt Leiden

8448 27. Juli 2015, Lotus Buddhist Monastery

Die Unwissenheit der Menschen besteht darin zu glauben, dass sie stets recht haben und dass sie besser als andere und ihnen überlegen sind. Dadurch werden persönliche Beziehungen zerstört, was zu tiefem Bedauern führt. Es gibt niemanden, der in dieser Welt alleine lebt. Menschen, die mit anderen vereint sind, sind gewöhnlich sehr erfolgreich und glücklich.

Aber wegen der starken Unwissenheit des "Ich-mein-mich" meint man, im Recht zu sein. Diese tiefsitzende Anhaftung an Konzepte weckt das Verlangen, von den Beziehungen zu anderen weit entfernt zu sein. Aber ein solcher Abstand bringt keinerlei Nutzen für einen selbst; er bringt nur Enttäuschung und ein Leben des Leidens.

Es gab zum Beispiel einmal ein Paar, das eine wirklich gute Beziehung zueinander hatte. Die warme und sympathische Persönlichkeit des Ehemannes förderte viele gute Beziehungen und seine Freunde respektierten ihn außerordentlich. Aber die Ehefrau zeigte stets eine stichelnde und negative Persönlichkeit und arroganterweise dachte sie, dass sie die Beste sei.

Aber sie erkannte nicht, dass sie wegen ihres Ehemanns respektiert wurde und deshalb ein schönes Leben zusammen mit anderen führte. Als aber der Mann starb, verschwanden alle ihre Freunde, weil ihre pessimistische Veranlagung sie ihnen entfremdete. Erst später erkannte die Witwe, dass es die authentische und fürsorgliche Persönlichkeit ihres Mannes gewesen war, die die Freunde angezogen hatte und zwar trotz ihrer eigenen Selbstbezogenheit.

In diesem Fall spielt es keine Rolle, dass man sich nicht mag oder nicht zu einander passt: Versucht man solche Beziehungen abzuschneiden, führt das tatsächlich zu großer Not für einen selbst, zu Einsamkeit und einem Leben des Leidens.

Besonders für Menschen ist es ganz wesentlich, miteinander zu leben und sich miteinander zu verbinden. Man könnte fragen, ob es für uns wichtig ist, mit anderen zusammen zu sein. Die Antwort ist: Ja, es ist so, denn alle empfinden Wesen kommen vom selben Ort und werden am selben Ort geboren. Gleichzeitig leben wir auch alle am gleichen Ort, und das ist der Ort Buddhas (des Absoluten, der Wahrheit); und wir sind eine Familie.

Außerdem sind Menschen von allen fühlenden Wesen die allerwichtigsten, denn sie haben die Fähigkeit, sich selbst in Buddha zu verwandeln. In diese Welt als Mensch geboren zu sein ist bereits große Weisheit; denn nur Menschen haben die Fähigkeit, die sechs übernatürlichen Durchdringungskräfte zu entwickeln. Daher, wie man sehen kann, sind Menschen überaus kostbar.

Diese Erkenntnis über die Wichtigkeit von Menschen wird daher ganz von selbst zu einem erfolgreichen Leben führen.

Aufrichtiges Feedback ist wichtig

8726. 30. April 2016, Lotus Buddhist Monastery

Je enger eine menschliche Beziehung ist, desto korrekter und sorgfältiger sollte man auf das richtige Benehmen achten, damit sich alle wohlfühlen können. Es ist immer weise glücklich zu sein, wenn andere erfolgreich sind und sich zu wünschen, dass sie noch erfolgreicher sind. Eine solche Geisteshaltung wird sicherstellen, dass sich alles gut entwickelt, gleich was man anstrebt.

Manche Menschen sind aber eifersüchtig und gierig nach einer höheren Position. Es ist dann gleichgültig, wie sehr korrektes Benehmen die Handlungen bestimmt, man sollte solchen Personen nicht nahe sein bis man Klarheit erlangt hat. Es ist offensichtlich, dass eine solche Nähe in der Zukunft Schaden bringen würde.

Ähnlich ist es bei Paarbeziehungen. Wenn es am richtigen Benehmen mangelt, oder wenn die Absicht besteht mit anderen in Konkurrenz zu treten, sie zu beherrschen oder einander in dieser Beziehung zu benützen, dann mangelt es an wahrer Liebe. Folglich entstehen ständig Probleme, die Hindernisse sind, diese Verbindungs-Beziehung fortzusetzen.

Aber obwohl man ein Paar ist, ist es wichtig, Fehler aufzuzeigen und liebevolles Feedback zu geben, wenn Fehler und Fehlverhalten auftreten. Dieser liebevolle Austausch und dieses Bestreben sind die Grundlage und die Basis für eine gesunde Beziehung.

Wenn man versucht, das Fehlverhalten des Partners zu verheimlichen, wird das dazu führen, dass der noch mehr negative Handlungen ausführt, die dann zum anderen Partner zurückkehren und für beide Leiden erschaffen. So sehnte sich zum Beispiel vor einiger Zeit eine Frau, die keinen Partner hatte, nach einem solchen. Plötzlich tauchte in ihrem Leben ein Mann auf und sie heirateten schließlich. Die Frau lebte bereits in einer viel besseren Situation als er, aber weil sie so lange allein gewesen war, haftete sie stark an ihm an, nachdem sie geheiratet hatten.

Obwohl ihr Ehemann Fehlverhalten und Fehler zeigte, verheimlichte sie diese aus der Unsicherheit heraus, dass er sie verlassen könnte. Ständig litt sie an diesem ängstlichen und unsicheren Geist. Wie es zu erwarten war, verursachte sein Fehlverhalten so viel Ärger, dass er sich schließlich einer anderen Frau zuwendete und das Paar sich trennen musste.

Das ist der Grund, warum beide darauf achten sollten auf liebevolle Weise die Irrtümer und Fehler des anderen aufzuzeigen, egal wie eng die Beziehung ist.

Insbesondere Ehemann und Ehefrau sollten miteinander umgehen wie ein Buddha und ein Bodhisattva und auch die Empfindung stärken, dass sie kostbar füreinander sind. Den anderen wie sich selbst zu lieben wird nach und nach seine Fehler und sein Fehlverhalten vertreiben. Nur dann kann es aus Folge daraus gegenseitigen Nutzen für alle anderen um sie herum geben.

Anhaftung kann Gift sein

8748. 22. Mai 2016, Lotus Buddhist Monastery

Es gibt viele Dinge, Handlungen und Situationen, die negatives Karma erschaffen, aber die tiefste Negativität wird meistens von Anhaftung verursacht. Aufgrund von Anhaftung wird Schmerz und Belästigung erzeugt. Das endet erst dann, wenn all die negativen Handlungen, die begangen wurden, schließlich als Vergeltung zu einem zurückkommen und einen leiden lassen.
Bis sich das negative Karma auflöst, wird sich kein Unterfangen, sei es geschäftlichen Bereich oder in einer Beziehung, zufriedenstellend entwickeln. Obwohl man dann Fähigkeiten besitzt um erfolgreich zu sein, ist es schwierig, den Erfolg zu erreichen. Gleichzeitig führen die Beschwerden anderer Menschen zu einem sehr einsamen Leben.
Das Gesetz von Ursache und Wirkung ist sehr klar. Die Ergebnisse von negativen Handlungen oder von jedweder Arbeit, die man gemacht hat, kehren zu einem selbst zurück. Es ist ganz offensichtlich, dass alles, was durch Anhaftung auftaucht, viel Kummer und Not bringt.

Um das am Beispiel einer menschlichen Beziehung zu illustrieren: Es gab einmal eine Frau, die am selben Ort arbeitete wie ein Mann und eine andere Frau. Aber der Mann mochte die erste Frau nicht und bevorzugte die zweite, wodurch der Stolz ersterer verletzt wurde. Die eifersüchtige Frau heckte unberechtigte Verschwörungen aus, um der anderen Frau zuzusetzen und schließlich den Mann für sich selbst zu haben. Aber trotz allem blieb die Liebe des Mannes für die andere Frau beständig und sie gingen schließlich eine glückliche Ehe ein.

Es ist sehr schwierig Glück zu erreichen, wenn man an Anhaftungen festhält und daraus wird sich nichts als Leiden ergeben. Anhaftungen können daher Gift sein. Es gibt aber einen bedeutenden Unterschied zwischen Anhaftung und Konzentration. Diese beiden Begriffe sollte man nicht durcheinanderbringen. Bei Konzentration geht es darum, ein angestrebtes Ziel zu erreichen. Beständiges Streben führt zu Erfolg, man erlangt das, was man sich gewünscht hat. Es ist für Praktizierende daher wichtig zu entscheiden, welches Ziel sie verfolgen sollen und welches nicht und ebenso an was sie anhaften sollen und wo sie eine Falle vermeiden. Eine solche Geisteshaltung macht es möglich, aus Anhaftungen herauszukommen und ein angenehmes, befriedigendes und erfülltes Leben für sich selbst aufzubauen.

Arbeits- und Geschäftswelt

Wenn du erfolgreich sein willst, fürchte keine Schwierigkeit

6243. 13. Juli 2009, Lotus Buddhist Monastery

Es gibt ein Sprichwort: „Wenn du erfolgreich sein möchtest, dann hab keine Angst vor Schwierigkeiten; und wenn du glücklich sein möchtest, dann fürchte die Traurigkeit nicht." Selbst wenn eine erfolgreiche Person durch viele Schwierigkeiten gehen muss, sieht sie sie nicht als Schwierigkeiten. Das ist der Grund, warum sie sogar noch erfolgreicher wird.

Und wenn Schwierigkeiten auf sie zukommen, dann denkt sie, dass dies eine Situation ist, durch die sie durchgehen sollte. Alle Schwierigkeiten verschwinden dann schließlich, und niemand kann ihr den Erfolg streitig machen. Sie befindet sich immer in einer höheren Position als andere.

Jemand, der glücklich ist, denkt nie, dass Traurigkeit Leiden bedeutet. Er sieht sie vielmehr als Teil seines Lebens an. Ganz egal welche Aufgabe ihm übertragen wird, er kümmert sich aufrichtig darum und erledigt eines nach dem anderen. Das ist der Grund, warum er schließlich zu Glück und Zufriedenheit findet.

Erfolg und Glück liegen in einem selbst. Entsprechend den eigenen Handlungen und Bewegungen des Körpers, kann man Glück finden, und man kann anderen Glück bringen. Man sollte sich nicht von anderen abhängig machen, sondern sich nur auf Buddha (was bedeutet: das Absolute, die Wahrheit), Dharma und Sangha verlassen. Dann wird man das Glück und den Erfolg in sich selbst finden.

Die Lehre Buddhas zeigt einem, wie man erfolgreich wird. Sie lehrt eine weise Methode, erfolgreich und glücklich zu sein. Praktiziert man dementsprechend, wird es einem helfen, erfolgreich und glücklich zu werden. Gleichzeitig wird es helfen, jene Person zu beschützen, die einem geholfen hat, glücklich und erfolgreich zu werden. Deshalb sind Buddha, Dharma und Sangha die allerkostbarsten Schätze von allen Schätzen.

Den Geist der Konkurrenz korrekt benützen

6698. 11. Oktober 2010, Lotus Buddhist Monastery

Im sozialen Leben haben die Menschen die meiste Zeit einen Geist des Wettbewerbs: sie möchten besser leben als andere, höher sein, mehr Dinge als andere haben oder besser aussehen usw.

Benützt man diesen Geist der Konkurrenz korrekt, kann das großen Nutzen bringen, weil man dann die Einstellung hat, sich mehr zu bemühen als andere. Egal mit welchen Schwierigkeiten man dann konfrontiert wird, man baut einen Geist der Ausdauer auf und verfolgt das, was man möchte. Indem man das verfolgt, was man will, kommt man zu besseren Ideen und Methoden als andere.

Mit diesem Geist des Wettbewerbs und des Bemühens erforscht und entwickelt man Dinge, die andere noch nicht entwickelt haben. Und so nützt man sich selbst und anderen.

Es verhält sich nämlich so: Jede Situation, so schwierig und negativ sie auch sein mag, kann auf eine solche Weise geändert werden, dass sie einem selbst nützt und das Wohlergehen anderer fördert. Dazu muss man sie in die richtige Richtung lenken.

Es spielt keine Rolle, wie kritisch oder schwierig die Welt der

Konkurrenz sein mag. Indem man die korrekte Richtung beibehält und die korrekte Achtsamkeit hat, wird man anderen Nutzen bringen und sie werden sich wohlfühlen. Vergiss nicht: Wenn man einen Geist des Wettbewerbs hat nur um sich selbst zu nützen, dann werden sich die Dinge nicht so entwickeln, wie man es möchte. Dann arbeitet man sozusagen für nichts.

In der Welt Buddhas (was bedeutet: des Absoluten, der Wahrheit) gibt es viele Buddhas und Bodhisattvas. Alle diese Buddhas und Bodhisattvas erfüllen ihre Aufgaben voll und ganz, deshalb gibt es zwischen ihnen keinen Geist des Wettbewerbs. Jeder Buddha und Bodhisattva ist wichtig, um alle fühlenden Wesen zu beschützen und zu retten.

Es verhält sich so: Alle Menschen sind wichtig. Das ist der Grund, warum uns alle Buddhas und Bodhisattvas beschützen und retten möchten. Im Geist eines Buddhas oder Bodhisattvas gibt es nur Liebe und Mitgefühl.

Warum man Versprechen halten sollte

6700. 13. Oktober 2010, Lotus Buddhist Monastery

Es gibt ein Sprichwort: „Gib nie ein Versprechen, dass du nicht halten kannst, denn das lässt deine ganze Energie verlöschen.“ Das bedeutet: Versprichst du jemanden etwas, wird der darauf warten. Wird das Versprechen aber nicht eingehalten, wird er das Interesse daran verlieren, ganz egal wie sehr er es vorher haben wollte. Es verliert für ihn den Wert.

Wenn jemand ein Versprechen gibt, aber fortgesetzt auf Zeit spielt, wird er bei anderen das Ansehen und Vertrauen verlieren. Er enttäuscht sie. Dann geht die Energie aller Beteiligten in eine falsche

Richtung und gegenseitiges Misstrauen entsteht.

Hat man versprochen, einen bestimmten Termin oder eine Frist einzuhalten, hält sich aber nicht daran, dann hätte man dieses Versprechen überhaupt nicht abgeben sollen. Es hätte nicht von den Lippen kommen sollen. Denn auf diese Weise verliert man nicht das Ansehen und des Vertrauen der anderen.

Andere verlieren den Glauben an jemanden, der seine Versprechen nicht hält. Er erfüllt ihre Erwartungen nicht. In Zukunft wird niemand mehr etwas von ihm erwarten. Die anderen hören auf, sich auf ihn zu verlassen und er verliert das Vertrauen und den Respekt und das macht ihn einsam.

Oft ist es so, dass jemand, der seine Versprechen nicht hält und andere warten lässt, andere Menschen nicht respektiert. Er möchte immer der Beste sein, möchte, dass andere ihm nachfolgen und das tun, was ihm entgegenkommt. All dies entsteht aus einem unwissenden Geist.

In alten Zeiten hielten die Menschen ihr Versprechen einfach aufgrund eines Handschlags und sie hielten die ausgemachte Zeit ein. Heute hat sich das alles sehr verändert. Selbst wenn man einander mit den Lippen etwas fest verspricht, wird man es vielleicht nicht halten. Das ist der Grund, warum die Menschen einander nicht vertrauen. Dadurch wird ein Leben voll Leiden erschaffen.

Praktizierende, gebt kein Versprechen, das ihr nicht halten könnt und lasst niemanden warten. Seid ein gutes Beispiel für andere, damit ihr zu jemanden werden könnt, dem andere vertrauen, auf den sie sich verlassen und auf den sie bauen können.

Wie man im Leben vorankommt

6767. 19. Dezember 2010, Lotus Buddhist Monastery

Sieh, was du jetzt tust und in welche Richtung dein Denken geht. Kannst du dich an der Arbeit, die du gerade machst und an der Situation, in der du dich gerade befindest, erfreuen und kannst du wertschätzen, was du tust und nicht nach anderen Dingen verlangen - und kannst du gleichzeitig deine Arbeit von ganzem Herzen tun und alle deine Gedanken an dem Ort lassen, wo du jetzt bist - wenn das zutrifft, dann wirst du niemals in deinem Leben etwas zu bedauern haben. Ein sehr schätzenswertes Leben wird zu dir finden.

Wenn man dagegen seine Arbeit nicht mit vollem Engagement macht, immer woanders hingehen möchte und daran denkt, etwas anderes tun zu wollen - dann wird man mit dieser Denkweise nicht in der Lage sein, seine Arbeit korrekt zu erledigen. Man wird lediglich zu jemandem, der andere beeinträchtigt und sie stört. Gleichzeitig wertet man sich selbst ab.

Genießt man jetzt, was man tut und ist zufrieden damit, dann ist man jemand, der nicht nur selbst zufrieden ist - auch andere fühlen sich mit einem wohl und man nützt ihnen. Wenn man im Leben wirklich vorankommen möchte, dann sollte man das, was man tut, immer aufrichtig tun. Dann wird man sich auf nichts anderes konzentrieren müssen und nicht nach etwas anderem suchen müssen. Denn die Arbeit, die einen zufriedenstellt, wird von selbst auftauchen.

Bist du nicht zufrieden mit dem, was du gegenwärtig tust, dann liegt der Grund dafür nicht irgendwo anders. Du selbst bist es, der dich in deiner aktuellen Situation oder wo immer du hingehst, unzufrieden macht. Und weil du nicht weißt, was Zufriedenheit ist, befindest du dich immer in einer Situation, in der du niemals zufrieden bist.

Was immer du tust und wo immer du bist: wenn du den Gedanken, ob du zufrieden bist oder nicht, nicht einmal aufsteigen lässt und Deine Aufgaben von ganzem Herzen erfüllst, dann wirst du automatisch ein schätzenswertes und zufriedenstellendes Leben haben.

Es ist sehr wichtig, die Arbeit zu finden, die zu einem gehört

6444. 30. Januar 2010, Lotus Buddhist Monastery

Jeder Mensch, der in diese Welt geboren ist, hat seine Aufgabe und er hat eine bestimmte Arbeit auszuführen. Wer seine Aufgaben kennt, kann seine Arbeit von ganzem Herzen ausführen. Wird ihm eine Aufgabe übertragen, stellt er Nachforschungen an und versucht, neue kreative Wege zu finden. So kann er sich selbst verbessern. Wer das tut, erschafft viel Tugend für sich selbst, und er lebt immer besser als andere. Alle, die mit ihm in Verbindung stehen, empfangen viel Nutzen und Hilfe.

Jemand, der schon weiß, was seine Arbeit ist, wird keine falschen oder negativen Handlungen ausführen. Er möchte immer alles korrekt machen. Deshalb wird er zu einer gebrauchten Person, die von anderen respektiert wird.

Es ist sehr wichtig, die Arbeit zu finden, die zu einem gehört und den Grund zu finden, warum man in diese Welt geboren wurde. Jeder Mensch hat bestimmte Talente und Fähigkeiten. Manche Menschen entdecken ihre Talente und Aufgaben früh, andere brauchen dazu länger. Hat man seine Aufgabe, sein Talent und seine Fähigkeiten noch nicht entdeckt, leidet man oft unnötig.

Um als Mensch geboren zu werden, muss man immer wieder geboren werden und durch viele verschiedene Welten der fühlenden Wesen gehen. Das ist der Grund, warum man seine Fähigkeiten und Talente immer wieder aufbauen muss.

Jemand, der seine Fähigkeiten und Talente erkennt, hat immer ein angenehmes Leben, frei von Unsicherheit.

Hat man seine Fähigkeiten und Talente bereits entdeckt, aber noch immer kein Vertrauen in sich selbst, wird man an seinen Fähigkeiten und Talenten zweifeln.

Wer praktiziert und Buddha, Dharma und Sangha folgt, wird immer zu seinen Fähigkeiten und Talenten finden. Er wird seine Aufgaben, seine Arbeit voll und ganz erfüllen - ohne daran zu zweifeln. Er wird viele Nachforschungen anstellen und kreativ sein; auf diese Weise wird er niemals faul werden oder ein langweiliges Leben haben. Jeden einzelnen Moment wird er mit großer Wertschätzung und Freude leben.

Schwierige Situationen helfen einem, für einfache zahlt man einen Preis

7193. 18. Februar 2012, Lotus Buddhist Monastery

Wenn du an einer bestimmten Aufgabe oder an einem Projekt arbeitest, dann versuche nicht der Erwartung zu erliegen, dass alles ganz leicht gehen wird. Sei aber auch nicht so eingeschüchtert, dass du es nicht einmal versuchst. Gib nicht auf, weil du denkst, dass es sehr schwierig wird. Ergreife aber auch nicht jede Gelegenheit, die sich dir präsentiert, wenn sie wirklich sehr schwierig ist. Wenn es innerhalb vernünftiger Grenzen bleibt, sollte man der Sache noch eine Chance geben und es versuchen, denn auf diese Weise entsteht kein Schaden.

Ganz egal wie groß die Schwierigkeiten sind, wenn man sich geistig ausreichend vorbereitet, können sie überwunden werden, ohne dass man geschädigt wird oder Angst zu haben braucht.

Habe keine Angst, einen Fehler zu machen - und versuche es; denn wenn man mit dem Geist Probleme überwindet, wird das Ergebnis sehr zufriedenstellend sein. Wenn man schwierigen Umständen die Stirn bietet, werden einem frühere Erfahrungen immer behilflich sein; für einfache Situationen muss man hingegen einen Preis zahlen.

Die Tatsachen in dieser Welt mögen nicht fair erscheinen, aber sie sind es. Wenn einem die Umstände daher unfair erscheinen, bedeutet das, dass man sich bereits irgendwo hat einfangen lassen oder anhaftet. Mit einer aufrichtigen und loyalen Geisteshaltung und der Bereitschaft überall zu arbeiten, wo man gerade ist, ergeben sich viel Nutzen und gute Ergebnisse.

Arbeitet man zum Beispiel hart, aufrichtig und mit vollem Einsatz für eine bestimmte Aufgabe, zieht daraus aber keinen Nutzen, dann wird in der Zukunft an einem anderem Ort, zu einer anderen Zeit eine Möglichkeit auftauchen, bei der man jenen Nutzen erhält, den man zuvor nicht empfing.

Wenn man an Buddha (das Absolute, die Wahrheit), Dharma und Sangha glaubt, ihnen folgt und aufrichtig praktiziert, wird man alle Ängste und Unsicherheiten hinter sich lassen. Anstatt dich also zu sorgen, wiederhole einfach das Mantra; denn die Sorgen eines Praktizierenden sind wie Verzierungen der Unwissenheit.

Ein entspannter Geist schafft viel, ohne Stress

7378. 21. August 2012, Lotus Buddhist Monastery

Wenn man morgens aufsteht und die vielen Dinge überblickt, die zu tun sind, kann der Geist plötzlich angespannt werden und der Kopf diffus und unklar. Unsicher, welche Aufgabe man zuerst angehen sollte, versucht man, dem täglichen Zeitplan zu folgen, aber trotzdem scheint die Zeit sehr beschränkt zu sein. Folglich ist der Kopf voll Stress, bevor der Tag überhaupt begonnen hat.

Aber mach dir in einer solchen Situation keine Sorgen. Wiederhole einfach das Mantra und bemühe dich, deinen Geist behaglich und friedvoll zu machen. Wenn der Geist entspannt und gelassen ist, weiß man automatisch, was zuerst zu tun ist und wie es zu tun ist. Die Arbeit kann dann ohne Nervosität und Anspannung erledigt werden, und jede Aufgabe wird ohne Druck oder Stress erfüllt werden - eine nach der anderen. Dadurch wird der Geist viel weiter und entspannter.

Trotz eines vollen Tagesprogramms und hoher Arbeitsbelastung wird daher etwas an Zeit übrigbleiben. Wenn am Ende des Tages dann viele Aufgaben erledigt sind, wird man zufrieden mit sich sein und sich selbst aufrichtig zu schätzen wissen.

Jedem ist eine Aufgabe gegeben. Ganz gleich wie voll der Tagesplan ist, wenn das Verhältnis von Aufgaben und verfügbarer Zeit entsprechend geplant wird, gibt es nichts, was man nicht in den Griff bekommen kann. Es scheint eine große Menge zu sein, aber man kann es schaffen. Das ist keine Übertreibung.

Denn obwohl die gegebenen Aufgaben zahlreich sind, erscheint ihre Zahl aufgrund eines geschäftigen und überladenen Geistes noch viel größer zu sein. Selbst bei hoher Belastung und einem vollen Zeitplan kann daher auf eine entspannte Weise alles nach und nach erledigt werden. Auch solltest du dich stets darüber freuen und es zu schätzen wissen, wenn dir eine Aufgabe übertragen wird. Das wird alle schwierigen Situationen verschwinden lassen. Sollten die Umstände aber zu überwältigend erscheinen, um damit zu Rande zu kommen, wird jemand oder etwas auftauchen, um sie zu leichter zu machen.

In diese Welt zu kommen mit einer menschlichen Form und jetzt in ihr zu existieren, ist die höchste Freude und ein großes Glück.

Anderen helfen, ohne ihnen zu schaden

7421. 3. Oktober 2012, Lotus Buddhist Monastery

Hat man eine bestimmte Verantwortung und Arbeit übertragen bekommen, dann sollte man mit ganzem Einsatz daran arbeiten, diese Aufgabe zu erfüllen. Sehr oft kümmert man sich aber aus Egoismus und Arroganz um die Aufgaben anderer, anstatt sich auf seine eigenen zu konzentrieren. Das schafft in ihnen ein Gefühl von Abhängigkeit und verstärkt ihre Trägheit, der eigenen Verantwortung nachzukommen.

Es ist wichtig, anderen mit einem Geist der Güte zu helfen. Es kann aber zu Überarbeitung und Stress führen, wenn man, um zu helfen, die Aufgaben anderer übernimmt und wenn man das aus Selbstüberhöhung tut, wegen eines aufgeblasenen Egos und vielleicht sogar aus dem Bestreben heraus, sie unter Kontrolle zu bringen und anzuführen. Solche Motive bringen keinerlei Vorteile.

Bodhisattva-Handlung bedeutet, die eigenen Aufgaben voll und ganz zu erfüllen und anderen aufrichtig zu helfen, wann immer es die Situation erfordert - aufgrund körperlicher Probleme oder einer anderen Unfähigkeit, wirksam tätig zu sein.

Versuchen andere aber eine Bodhisattva-Handlung auszunützen, dann mache sie, ohne zu zögern, auf ihr fehlerhaftes Denken und ihre fehlerhafte Absicht aufmerksam, damit sie wirklich unabhängig werden können. Du kannst anderen ein strahlendes Vorbild sein, indem du dich darauf konzentrierst, deine eigenen Aufgaben fleißig, mit vollem Engagement und mit ganzer Hingabe zu erfüllen.

Faul zu sein, ständig von anderen abhängig zu sein und sich dessen nicht bewusst zu sein, erschafft Schulden-Karma. Das Gesetz von Ursache und Wirkung besagt: Wenn Hilfe von anderen empfangen wird, wird sie unweigerlich eines Tages zurückgezahlt werden müssen, egal wie schwierig die Situation ist. Das ist tatsächlich das Gesetz, das das Universum und die menschliche Existenz beherrscht.

Anderen zu helfen bedeutet daher, zurückzuzahlen, was man aus einem früheren Leben schuldig ist. Hat man aber kein Schulden-Karma und hilft anderen trotzdem aufrichtig und ohne sie zu verwöhnen, dann erschafft man damit Tugend für sich selbst.

Natürlich bringt es immer Glück und Tugend, unser Leben für andere zu leben und sie zu unterstützen. Es ist aber weise, aus Prinzip keine Form von Faulheit oder Abhängigkeit zu unterstützen.

Jeder Mensch hat das Vermögen alles zu tun, es sei denn, er ist durch ein körperliches Problem behindert. Vergiss auch nicht, dass übertriebene Bodhisattva-Handlungen anderen nicht helfen. Deshalb wies uns Buddha immer an, den Mittleren Weg zu gehen, was die korrekte Bodhisattva-Handlung ist.

Wenn man ein Projekt beginnt: den eigenen Geist überprüfen

7481. 2. Dezember 2012, Lotus Buddhist Monastery

Wenn sich jemand in einer wichtigen Situation oder in einer wichtigen Position für etwas engagiert - besonders wenn ein neues Projekt großer Bedeutung begonnen wird - dann wird er unweigerlich Sorgen und Ängste haben, ob das Unternehmen sich gut entwickeln, ob es erfolgreich sein und ob es anderen Nutzen bringen wird. Trotz eines hohen Maßes an Selbstvertrauen können einige Sorgen, Befürchtungen und Unsicherheiten nicht vertrieben werden.

Aber anstatt in einem solchen sorgenvollen Zustand zu verbleiben sollte man, während das Projekt sich entwickelt, den eigenen Geist überprüfen, indem man sich Folgendes fragt:

Wird dieses Projekt mit einem Geist der Güte ausgeführt?
Werden andere dadurch verletzt oder geschädigt?
Ist der eigene Geist frei von Gier?
Wird das Unternehmen sehr ernsthaft angegangen, ohne jeglichen Geist der Faulheit?

Wenn Klarheit herrscht und der Weg korrekt ist, dann gibt es nichts, worum man sich sorgen muss, nicht jetzt und auch nicht in Zukunft. Denn eine solche korrekte Geisteshaltung wird viel mehr erreichen als erwartet wurde. Gleichzeitig wird jeder, der mit diesem Unternehmen zu tun hat, die gute Absicht und die guten Grundlagen, die dieses Projekt leiten, verstehen.

Diese Art inspirierender Hingabe kann sogar den Geist anderer Menschen auf deine Seite bringen. Den eigenen Geist sollte man auch genau erforschen, denn wenn es keine Unreinheiten gibt, hat man nichts zu befürchten und braucht sich um nichts Sorgen machen.

Selbst wenn es eine schwierige Situation geben mag, wird diese Negativität einen nicht schaden oder verletzen. Und wenn es dann Sicherheit darüber gibt, was getan werden muss und wie man dabei vorgeht - ob es nun manchmal schnell geht oder andere Male etwas länger dauert - man wird immer Ausdauer brauchen. Während man wartet, muss die Arbeit mit vollem Einsatz geleistet und das Geschäft mit Entschlossenheit verfolgt werden. Gleichzeitig müssen Unreinheiten poliert werden, indem man aufrichtig praktiziert.

Zur gleichen Zeit müssen das Ego, die Arroganz und ebenso alle Enttäuschungen und Unsicherheiten ausgelöscht werden. Es ist sehr wichtig, noch ernsthafter Zuflucht zu Buddha (dem Absoluten, der Wahrheit), Dharma und Sangha zu nehmen und daran zu denken, dass Buddha, Buddhas Lehre und der Meister einen immer beschützen.

Jemand, der aufrichtig Zuflucht zu Buddha, Dharma und Sangha nimmt und die Gelöbnisse empfängt, wird niemals alleine oder einsam sein. Man wird auch nicht vergessen, dass es eine höchst kostbare Dharma-Familie gibt, die einem immer helfen und beistehen möchte.

Ohne Faulheit lässt sich jedes Hindernis überwinden

7582. 13. März 2013, Lotus Buddhist Monastery

Es ist äußerst wichtig, sich zu bemühen, die eigenen persönlichen Aufgaben selbst zu regeln und zu handhaben; wir haben aber oft den Geist, die uns übertragenen Aufgaben an andere zu delegieren. Je mehr ein solcher Geist ausgelöscht wird, desto einfacher wird es, sich selbst aus Schwierigkeiten herauszuhelfen.

Der Wunsch, die Hilfe anderer zu empfangen und übermäßige

Abhängigkeit von ihnen werden zu keinerlei Fortschritt führen, sondern vielmehr zu einem Rückschritt; so wird das eigene ursprüngliche Leistungsvermögen, das sich in unseren Fähigkeiten zeigt, verringert oder sogar verloren gehen.

Manche Menschen sind zum Beispiel von der Begierde belastet, alles umsonst und viel Nutzen und Hilfe zu bekommen. Diese Art von Gier wird die eigene Energie verringern. Aber die Einstellung, mit großer Dankbarkeit die erhaltene Hilfe zurückzuzahlen und zu erwidern, damit man in niemandes Schuld steht - dieser Geist führt zu korrekten Handlungen. Als Konsequenz daraus können alle Schwierigkeiten und Herausforderungen, denen man begegnet, leicht überwunden werden; eine solche Einstellung bringt nur gute Situationen mit sich.

Die Umstände werden sich daher plötzlich ändern; anstatt immer nur Unterstützung von anderen zu erhalten, taucht eine Position auf, in der man anderen dienen kann. Diese Hinwendung zu anderen erzeugt große Zufriedenheit und ein Leben großer Wertschätzung. Wer nicht faul ist, kann jede mühevolle Situation, die auftaucht, überwinden, ganz egal wie gut die Chancen dafür stehen. Faulheit hingegen führt zu Trägheit und dem Vermeiden von ernsthafter Anstrengung; das erzeugt Abhängigkeit von anderen und Versagen bei allen angestrebten Zielen, seien es geschäftliche oder andere Vorhaben.

Das ist so, als würde man unter einem Kakibaum sitzen und darauf warten, dass einem die Frucht direkt in den Mund fällt. Möchte man eine Kakifrucht essen, ist es erforderlich, auf den Baum zu klettern und zu schütteln. Wenn die Früchte nicht reif sind, sollte man nicht warten, sondern nach der korrekten Weisheit suchen, sie genießbar zu machen; etwa indem man sie trocknet, damit sie gegessen und mit anderen geteilt werden können. Warte nicht darauf, dass die Frucht reift, denn während sie das tut, kann sie leicht von Insekten angebissen oder von Vögeln angegriffen werden.

Von Moment zu Moment jeden Tag weise zu leben, erfüllt das Leben in dieser Welt daher mit Spaß und funkelnder Freude.

Man erwirbt sich den eigenen Status selbst
7679. 18. Juni 2013, Lotus Buddhist Monastery

Winzige Wassertropfen höhlen einen großen Stein aus, und eine Blume blüht mitten im Schnee. Auf ähnliche Weise gibt es nichts, was nicht erreicht werden kann, wenn man fortwährend und mit ganzem Einsatz an etwas arbeitet.

Jeder Erfinder, der mit kreativen Aufgaben befasst ist, sollte gewissenhaft, fleißig und standhaft in seiner Arbeit sein und niemals auf halber Strecke aufgeben. Er wird dann stets Erfolge ernten, was nicht nur ihm selbst Nutzen bringt, sondern allen anderen auch.

Das entschlossene und beharrliche Ausführen einer Aufgabe oder eines Projekts wird daher alle Hindernisse und Leiden überwinden, egal welcher Art und wie groß die Schwierigkeiten sind. Angesichts einer solchen Beharrlichkeit und inneren Kraft werden sich selbst die schwierigsten Hürden dem erfolgreichen und siegreichen Gewinner ergeben; der wird dann von anderen respektiert und hoch geschätzt.

Der menschliche Geist hat Probleme damit, Aufgaben jeglicher Art fortlaufend zu erfüllen bis sie schließlich vollendet sind. Alles, was als angenehm empfunden wird, wird mit vollem Einsatz ausgeführt. Aber das Auftauchen von Hürden und Hindernissen erweckt unangenehme Gefühle, was dazu führt, das man plötzlich aufgibt. Manchmal wird eine Arbeit aufrichtig angegangen, aber plötzlich wird sie eingestellt, weil Erwartungen nicht erfüllt oder bestimmten Absichten nicht entsprochen wird. Dann kommt es zu Ermüdungserscheinungen ohne erfolgreichen Abschluss der Aufgabe. So erwirbt man sich einen Ruf der Unwahrhaftigkeit und Unzuverlässigkeit und zeigt geringen persönlichen Wert.

Wer aber entschlossen Zuflucht zu Buddha (dem Absoluten, der Wahrheit), Dharma und Sanhga nimmt, kann mit ganzem Einsatz und Aufrichtigkeit arbeiten - gleichgültig was er tut und welche Schwierigkeiten auftauchen. Er wird zu einem großen Beispiel für andere, weil er alle Hindernisse, eines nach dem anderen, überwindet.

Kein Mensch auf dieser Welt hat einen hohen oder niedrigen Status, es gibt nicht einerseits kostbare und andererseits wertlose Menschen. Ein hohes oder ein niedrigeres Ansehen wird nur durch die Handlungen jedes einzelnen bestimmt. Jeder Mensch kann, wie schon oft gesagt, sogar selbst zu einem Buddha werden. Daher wird das beständige und gewissenhafte Streben in jedem Projekt und bei jeder Arbeit es ermöglichen, dass man erreicht, was immer man sich wünscht.

Es muss erkannt werden, dass der Hauptfeind tatsächlich die Faulheit ist; und diese Tatsache gilt es nie zu vergessen.

Wenn am Himmel Wolken sind, regnet es und wenn der Regen aufhört, bricht die Sonne hervor. Das ist eine Tatsache des Lebens. Wenn es also regnet, erfreue dich daran und wenn es sonnig ist, erfreue dich am Strahlen und sei wohlgemut. Lebe zugleich jeden Tag mit Wertschätzung für alle anderen.

Nächsten Monat wird übrigens der 21. Jahrestag der Täglichen Sutra sein. Das heißt 21 Jahre ununterbrochen Tägliche Sutras, ohne einen einzigen Tag auszulassen.

Vielen Dank an euch alle. Ich schätze wirklich jeden einzelnen von euch.

Mit einer Person, der man wirklich vertrauen kann, ist alles möglich

7750. 28. August 2013, Lotus Buddhist Monastery

Oft wird viel zu viel Zeit darauf verwendet, über ein wichtiges Projekt nachzudenken und es ganz genau zu planen. Das kann manchmal dazu führen, dass man das Gefühl bekommt, der Plan wird niemals ausgeführt werden; und das obwohl er solide ist und sich darauf konzentriert, Nutzen für einen selbst zu bringen. Folglich sind gute Ergebnisse schwer zu erzielen.

Wird aber die Entscheidung getroffen, ohne Zögern voranzugehen, werden neue Erkenntnisse und weise Methoden gefunden werden, die man vorher nicht kannte, und die immer gute Ergebnisse bringen. Ganz offensichtlich wird es bei jedem Projekt einige kleine Hindernisse oder Schwierigkeiten geben. Aber ohne einige Hürden, die es zu überwinden gilt, würde der erfolgreiche Abschluss eines Projekts nicht wirklich geschätzt werden.

Das erfolgreiche Streben, schwierige Umstände zu überwinden, wird auch größeres Verständnis und Wissen mit sich bringen; dadurch verdoppelt sich der Nutzen für einen selbst. Aber gleichgültig wie viel sorgfältige Planung und Mut investiert wurden, viel entscheidender und wichtiger sind die Vertrauenswürdigkeit und die Zuverlässigkeit der Kollegen im Projekt und am Arbeitsplatz. Hat man jemanden, der ehrlich, zuverlässig und aufrichtig ist, werden dadurch alle Schwierigkeiten überwunden. Das wird Erfolg bringen - um welche Art von Projekt es sich auch immer handeln mag. Wenn es daher bei allen Tätigkeiten großes Vertrauen in die Partner gibt, dann sollte man nicht zögern, das Projekt in die Tat umzusetzen; denn solches Vertrauen wird immer großartige Ergebnisse erzielen.

Noch wichtiger als die Bedeutung des Planes ist es zu sehen, ob man dabei mit einer Person zusammen arbeiten kann, der man vertrauen kann oder nicht. Seit jeher sagt man darum: Wenn es auch nur eine Person gibt, der man wirklich vertrauen kann und auf die man sich wirklich verlassen kann, dann kann mit dieser Person an der Seite die Welt bestimmt erobert werden.

Modernes Management: Wir sind eine Familie

7790. 7. Oktober 2013, Lotus Buddhist Monastery

Die meisten erfolgreichen Menschen sind durch zahllose Schwierigkeiten gegangen und haben sich sehr angestrengt, um das zu erreichen, was sie erreicht haben. Oft sehen sie sich selbst nicht in diesem Licht und glauben nicht, ihren Höhepunkt oder Ruhm erlangt zu haben. Daher setzen sie ihre äußerst gewissenhaften und fleißigen Bemühungen fort, mit denen sie ihre Aufgaben erfüllen. Und sie sehen die kleinste ihrer Pflichten als ihr ganzes Leben und ihre Identität.

Ohne übermäßiges Denken und Voreingenommenheit streben sie danach, mit großer Standhaftigkeit all das zu erfüllen, was zu tun ist. Mit dieser Art von ausdauerndem Geist erforschen sie gründlich, wie sie ihre Leistung verbessern können. Mit weiteren Hinterfragen und sorgfältigem Nachforschen erzielen sie dann nicht nur bessere, sondern hervorragende Ergebnisse.

Viele erfolgreiche Geschäftsleute zeigen heute ein beträchtliches Maß an Mitgefühl; sie kümmern sich um ihre Mitarbeiter und jeden, mit dem sie verbunden sind. Das ist der Grund, warum viele Firmen und Organisationen großzügig mit Leistungen an die Mitarbeiter sind.

Was immer man tut, sollte man mit ganzem Einsatz tun und ohne über Bedingungen nachzudenken. Jeder Versuch sollte unternommen werden, den Gesichtspunkten und Bedingungen anderer zuzuhören, um alle zu einer Familie zusammenzuführen. Zusammenarbeit bringt immer gute Ergebnisse.

Im modernen Management ist es sehr wichtig, die Mitarbeiter und alle, mit denen sie zu tun haben, als Teil der eigenen Familie zu betrachten. Dadurch wird Isolation oder Entfremdung vermieden und gute Ideen können auftauchen, weil sich jeder verantwortungsvoll Gedanken macht.

Harmonie, Verständnis, gegenseitige Hilfe und Zuvorkommen können diese Welt, die die Saha-Welt ist, in ein Paradies verwandeln.

Auf der anderen Seite erschaffen Sturköpfigkeit, Renitenz und das Bestehen darauf, dass die eigenen Ideen richtig sind, unentwegt Probleme für die Gesellschaft und das Land. Eigensinn und Sturheit verhindern, dass diese Saha-Welt zu einem Paradies wird. Ebenso führt Unwissenheit sehr tief in die Welt des Leidens.

Jeder von euch, öffnet euren Geist weit, damit ihr klarer wahrnehmen könnt, was ihr bisher nicht erkannt habt. Erfasst gleichzeitig, dass diese Welt eine schöne Welt ist. Strebt bitte alle danach, große Arbeiter für den Weltfrieden zu werden und uns so in diesem 21. Jahrhundert die wunderbare Möglichkeit und das herrliche Geschenk globaler Harmonie zu bringen.

Der Sohn übernimmt die Firma

7819. 5. November 2013, Lotus Buddhist Monastery

Es gab einmal einen Sohn eines Firmenchefs, der studierte und in einem völlig anderen Bereich als der Familienbetrieb tätig war. Er tat das, obwohl er wusste, dass es der aufrichtige Wunsch seines Vaters war, dass er den Betrieb erben sollte. Aber der Sohn zeigte wenig Interesse, die Verantwortung für das Geschäft zu übernehmen. Als der Vater aber immer älter wurde und nicht mehr in der Lage war, die Firma weiterhin kompetent zu leiten, hoffte er sehnlich, dass der Sohn das Unternehmen übernehmen und mit neuem Leben erfüllen würde.

Glücklicherweise war der Sohn ein Praktizierender. Sein Vater hatte einen anderen Glauben und äußerte manchmal sein Missfallen darüber, dass der Sohn einem anderen Glaubenssystem folgte. Der Sohn hatte aber aufrichtig Zuflucht zu Buddha (dem Absoluten, der Wahrheit), Dharma und Sangha genommen, lernte den Dharma und versuchte sich aus Konflikten herauszuhalten, egal was der Vater sagte. Vielmehr war es sein Wunsch, dass sein Vater angenehm und in Frieden leben könne.

Eines Tages wurde dem Sohn klar, dass es aufgrund des fortschreitenden Alters des Vaters Zeit war, zum Familienunternehmen zurückzukehren. In der Zwischenzeit hatten sich aber einige Angestellte der Firma darauf vorbereitet, den Posten des Geschäftsführers zu übernehmen. Als sie sahen, dass der Sohn dem Vater in seiner Position nachfolgen würde, nahmen sie das sehr übel; sie legten nicht nur ihren erbitterten Widerspruch ein, sie wurden auch eifersüchtig. Sie versuchten, den Sohn herabzusetzen und zu verunglimpfen, weil er in diesem Spezialgebiet keine Erfahrung hatte.

Der Sohn bot ihnen nicht die Stirn und stritt nicht mit ihnen.

Stattdessen wollte er mehr über das Geschäft und dessen Probleme lernen, um herauszufinden, was die Firma brauchte. Er verbrachte viel Zeit damit, sich mit der Firma und all ihren zahlreichen Belangen vertraut zu machen. Wenn er es mit anderen Arbeitern und Angestellten zu tun hatte, verhielt er sich sehr zurückhaltend, um ihrem Neid entgegenzuwirken. Die anderen missverstanden seine Gelassenheit als Zeitverschwendung und als Zeichen seiner Inkompetenz. Seinem Vater gegenüber beschwerten sie sich über seine Ungeeignetheit, und sie rieten davon ab, ihm die Chance zu geben, das Geschäft zu leiten.

Dann war das Unternehmen plötzlich mit einer sehr schwierigen Situation konfrontiert; niemand war fähig, damit umzugehen. Zu diesem Zeitpunkt übernahm der Sohn die Leitung, und er nützte seine früheren Nachforschungen und Studien, um der Krise zu begegnen und sie zu lösen. Sein Vater war über die Maßen erfreut. Und auch jene, die eifersüchtig gewesen waren, gaben schließlich aufrichtig zu, dass der Sohn ein fähiger und passender Geschäftsführer für das Unternehmen sein würde.

Darum, Praktizierende, wann immer jemand etwas braucht oder haben möchte, habt einen offenen Geist für alle Anfragen und Anliegen, die vorgetragen werden, statt eure eigenen Bedingungen zu stellen. Wie immer dann entschieden wird, arbeitet mit vollem Einsatz, ohne faul zu sein, um anderen zu nützen und sie glücklich zu machen. Das Wohlergehen und die Befriedigung der anderen werden dann auch zu eurer eigenen Freude und Zufriedenheit.

Jeder hat Buddha-Natur. Wurde erst einmal der Geist eines Bodhisattvas realisiert, kann man mit dem Wunsch ein Ziel zu erreichen, unendlich große Fähigkeiten und Potentiale erwerben.

Wie Neid vermieden wird

7965. 31. März 2014, Lotus Buddhist Monastery

Man macht sich selbst zu einem höher gestellten und von anderen respektierten Menschen oder zu einem niedriger gestellten und wertlosen Menschen. Gleichzeitig ruft aber jemand, der angesehen ist und von anderen verehrt wird, Neid und Eifersucht hervor und den Wunsch, dass er oder sie versagen möge.

Wenn man diese Art von negativer Einstellung hat, stört und belästigt man jeden. Es ist dann gleichgültig, welche Position man gegenwärtig innehat, man befindet sich in einer vorherrschenden Stimmung der Depression und des Minderwertigkeitsgefühls. Diese Einstellung ist aber nicht notwendig; genauso wenig wie es nötig ist, in einer höheren Stellung arrogant zu sein oder den Respekt der anderen zu erwarten.

Setze niemals Personen in einer niedrigeren Position herab; zeige vielmehr Mitgefühl, um ihnen von Nutzen zu sein und damit sie sich wohl fühlen. Hast du diese Geisteshaltung, werden Eifersucht, Schaden und Verletzungen, die von ihnen ausgehen, keinerlei Wirkung haben.

Befindet man sich gegenwärtig in einer niedrigeren Position, braucht man nichts anderes zu tun, als die einem übertragenen Aufgaben mit vollem Engagement auszuführen und für andere zu einer Person zu werden, die sie brauchen. Dann wird die Stellung automatisch nach und nach gehobener werden. Sei auch nicht deprimiert, nur weil die gegenwärtige Position keine höhere ist und andere keinen Respekt zeigen. Beseitige den Geist der Eifersucht und des Vorwurfs, denn das hilft, aus einer niedrigeren Position aufzusteigen und eine höhere Stellung zu erlangen.

Es ganz ist wesentlich zu erkennen, dass jeder Mensch Klarheit besitzt und diese ein sehr wichtiges und wertvolles Guthaben ist. Anstatt negativ zu sein, sollte man daher das Denken ändern; der Neid auf andere sollte in Empathie verwandelt werden. Man sollte verstehen, dass es ihre harte Arbeit und ihre Anstrengungen waren, die sie in eine höhere Position gebracht haben. Mit dieser Sichtweise können erfolgreiche Menschen als strahlende Beispiele für fleißiges Streben und vollen Einsatz genommen werden. Nach einiger Zeit wird sich dann auch die eigene Position nach und nach ändern und man wird zu einer respektierten Person, die von anderen gebraucht wird.

Das menschliche Leben ist wie eine Wippe. Aber jenseits dieser Wippe ist die Wahrheit, die der unübertroffene Ort ist. Darum wird das Erkennen der Wahrheit, die der unübertroffene Weg ist, automatisch zu Weisheit führen. Es ist dann egal, in welcher Situation man ist, man kann immer ein Leben des Glücks und der Befreiung genießen.

Eine wichtige Position ausfüllen

7969. 4. April 2014, Lotus Buddhist Monastery

Wenn man eine Position innehat, die höher und sicherer ist als die von anderen, sollte man darauf achten, bei seiner Arbeit nicht faul zu werden. Vielmehr sollte man seine Aufgaben aufrichtig und mit Bescheidenheit ausführen, um dauerhaft gute Ergebnisse zu erzielen. Ein solch aufrichtiges Bemühen wird viel Tugend entstehen lassen und bei den anderen Respekt hervorrufen. Eine solche Person wird folglich kostbar und unverzichtbar, und sie ist ständig gefragt.

Aber manchmal meinen Menschen, die einen höheren Status haben und denen von ihrem Chef oder Vorgesetzten viel Vertrauen entgegengebracht wird, dass sie besser sind als andere. Eine solche sichere Position führt daher oft dazu, dass man viel träger wird, als man es früher war. Sobald sich dieser Mitarbeiter dann an seinem Arbeitsplatz sicher und zufrieden fühlt, kann es passieren, dass er für einen Auftrag, der früher in einer Woche erledigt war, jetzt drei oder sogar vier Wochen braucht.

Durch dieses Verhalten erniedrigt man sich in Wirklichkeit selbst und macht sich zu einer unzuverlässigen, unwichtigen Person; dadurch wird die eigene Position gemindert. Das Leben fällt daher wieder in Unsicherheit zurück.

Das Leben entwickelt sich stets weiter und, indem es zunehmend besser wird, zeigt es den wahren Geschmack des Lebens. Das wird von einem überaus kostbaren und lohnenden Gefühl begleitet. Gleichzeitig baut aufrichtige und hingebungsvolle Arbeit Tugend auf und bringt die höchsten kreativen Kräfte zum Vorschein; das bringt allen Nutzen und Glück.

Aufrichtig und mit ganzem Einsatz für das Wohlergehen und die Freude anderer zu arbeiten, macht den Körper und den Geist gesund. Weil dann jede Selbstbezogenheit fehlt, kennen weder Körper noch Geist irgendwelche Unpässlichkeiten oder Probleme; so erfreut man sich stets eines sehr gesunden Lebens.

Zugleich weiß man jede Gelegenheit, die sich bietet, stets zu schätzen; denn wenn sich einem keine Möglichkeiten auftun, führt das zu einem traurigen und einsamen Leben. Daher sollte man sein Denken ändern und wahrnehmen, wie sehr man von anderen gebraucht wird, statt das große Ausmaß an Arbeit zu beklagen. So entsteht Wertschätzung und Aufrichtigkeit, und dann spielt es keine Rolle, was man arbeitet, die Ergebnisse werden glücken und einem viel gutes Geschick bringen.

Umgang mit Konkurrenten

7980. 15. April 2014, Lotus Buddhist Monastery

Die Konkurrenz im sozialen Leben kann oftmals so intensiv sein, dass man vielen Schwierigkeiten begegnet, bevor man einen gewissen Status erreicht. In solchen Zeiten der Not sollte man stets den Geist der Praxis beibehalten, ohne an Kampf zu denken; vielmehr sollte man sich darauf konzentrieren, die einem übertragenen Aufgaben mit ganzem Einsatz zu erfüllen. Dann gelangt man automatisch in eine höhere Position entsprechend des Ausmaßes aufrichtiger Arbeit, die man investiert hat.

Das heißt, um ein Haus korrekt zu erbauen, bedarf es eines starken Fundaments. In anderen Worten, so niedrig die eigene Position auch sein mag, man hat es nicht nötig mit anderen zu konkurrieren; man muss einfach nur fleißige, aufrichtige und hingebungsvolle Arbeit leisten. Andere werden diese Hingabe und echte Bemühung dann loben, und das wird einem Vertrauen und einen Ruf der Verlässlichkeit einbringen. So wird mit der Zeit die Position auf Grund der spontanen Empfehlungen anderer automatisch höher.

Wird das Verlangen nach einer höheren Stellung nicht von standhaftem Streben begleitet, dann wird man an seinen Aufgaben scheitern und zwar aus Faulheit. Wenn man selbst träge ist, führt das immer zu Eifersucht auf jene, die erfolgreich sind. Darüber hinaus wird der Drang über anderen zu stehen noch verschlimmert: man verursacht Störungen oder verschwört sich, um ihren Fortschritt und Erfolg zu behindern. Das erschafft dann selbstverständlich viel negatives Karma, das wiederum zu Fehlschlägen bei jedem Unternehmen verurteilt.

Es ist also gleichgültig mit wie vielen Konkurrenten man es zu tun hat - man braucht sich keinerlei Sorgen zu machen, wenn man seine

Arbeit mit vollem Engagement ausführt. Die eigene Position wird sehr sicher; sie ist abgesichert, ohne dass man die Welt der Konkurrenz überhaupt betritt. Es entstehen Gelegenheiten, überaus wichtige Verantwortungen zu übernehmen; das wiederum weckt bei den anderen Respekt und Vertrauen. Die Aufträge und Aufgaben, die man erhält, betrachtet man gleichzeitig als Geschenk des Himmels. Ein solches Zutrauen ist ein untrügliches Zeichen eines loyalen Geistes. Obgleich andere größere Fähigkeiten besitzen oder eine bessere Ausbildung haben mögen, sind sie nicht in der Lage, einem auf irgendeine Weise zu schaden; denn die eigene Position bleibt sehr sicher.

Dazu kommt: wenn man sich selbst vertraut, stärkt man sich selbst. Und Menschen, die zu anderen loyal sind, sind loyal zu sich selbst. Wer weiß, wie man sich selbst liebt, weiß auch, wie man andere liebt und für sie sorgt. Aber jemand, der faul ist und sein Gehirn nur zum übermäßigen Denken benützt, weiß nicht, wie man sich selbst liebt.

Jeden gleich, aber unterschiedlich behandeln

8104. 17. August 2014, Lotus Buddhist Monastery

Seit alten Zeiten und durch die ganze Geschichte hindurch lässt sich beobachten, dass die unwissenden Handlungen seiner Bediensteten und Untertanen in den Augen der Bürger sehr negativ auf den König zurückfallen können - gleichgültig wie weise und fürsorglich ein König sein mag. Das führt dazu, dass man ihm nicht vertraut und ihn nicht respektiert; außerdem führen die Menschen ihre Aufgaben dann nicht korrekt aus und das kann dazu führen, dass die Wirtschaft schrumpft, so sehr, dass sie in Armut leben.
Das Land ist daher nicht gefestigt. Die umliegenden Königreiche sind sich dieser schwierigen Situation bewusst und möchten den

geschwächten Nachbarn sogar angreifen und einmarschieren, der dann sein Territorium und seine Souveränität verliert. Die Lektion dieser Geschichte ist, dass der König und die Bürger nicht zwei sind. Einige unklare und illoyale Arbeiter des Königs können seinen Ruf beschädigen und somit ist am Ende das ganze Land an die Eindringlinge verloren.

Wirklich loyal zu sein, bedeutet, einander zu beschützen und zu helfen. Vertrauenswürdig zu sein heißt nicht, dass eine Seite zum Sklaven der anderen wird. Vielmehr profitieren beide Seiten davon. Deshalb gehen jene, die unverbrüchlich mit Buddha (dem Absolutem, der Wahrheit), Dharma und Sangha verbunden sind, immer auf dem korrekten Weg; sie gehen mit anderen auf eine sehr verlässliche und gleichberechtigte Weise um. Mit allen werden korrekte Beziehungen und Interaktionen gepflogen und niemand wird jemals geschädigt.

Menschen, die hin und wieder unehrlich sind, zeigen hingegen ihre Illoyalität, indem sie anderen Probleme verursachen. So kommt ihre Unwissenheit zum Vorschein.

In jeder Organisation, jedem Unternehmen und an jedem anderen Ort verbinden sich negative Leute stets mit anderen, die Negativität hegen; und positive Menschen verbinden sich immer mit denen, die auch positiv sind. Die Interaktionen und Verbindungen zwischen negativen Menschen erzeugen aber immer Probleme und führen schließlich dazu, dass sie einander schaden. Positive Menschen sind miteinander natürlich immer glücklich und fühlen sich wohl, denn für sie ist das wie ein lebendiges Paradies.

Aber wie unwissend die Untertanen auch sein mögen, ein weiser König weiß ganz genau, wie er mit ihnen umzugehen hat. Genauso behandelt jede Organisation oder jeder Unternehmenschef die Mitarbeiter gleich, muss aber doch mit jedem entsprechend seiner Persönlichkeit anders umgehen. Das mag manchmal wie Bevorzugung erscheinen, ist es aber in Wirklichkeit nicht. Vielmehr bedeutet es, dass man mit jedem einzelnen korrekt umgeht. Ein weiser Mensch hat große Liebe und großes Mitgefühl für andere; und das ist der Grund, warum er sie mit Weisheit scharfsinnig und gleichberechtigt behandelt.

Es ist zum Beispiel das Beste, immer einen weiten Geist beizubehalten und ihn wie eine Nadelspitze zu benützen. Wann immer dann andere unwissend sind und die Aufmerksamkeit auf ihre Unwissenheit fällt, wird diese Nadelspitze zu einem überaus starken und scharfen Werkzeug.

Verlässlichkeit als Bodhisattva-Handlung

8145. 27. September 2014, Lotus Buddhist Monastery

Ob am Arbeitsplatz oder an einem anderen Ort: Wenn man die eigenen Aufgaben und Verantwortlichkeiten aufrichtig wahrnimmt, wird das denjenigen, der sie einem gegeben hat, Sicherheit und Wohlbefinden verschaffen. An sich bedeutet das alleine schon Bodhisattva-Handlungen zu erschaffen und macht uns zu Personen, die sehr gebraucht werden. So geschätzt zu werden, macht das Leben noch wertvoller und bedeutungsvoller.

Wenn aber das Gegenteil der Fall ist und wir es verabsäumen, unsere Aufgaben korrekt zu Ende zu führen, können wir ganz sicher mit Beschwerden rechnen. Wir bemerken kaum, wie viel Leiden, Unbehagen und Ärger wir anderen dadurch bereiten. Verbleibt man in solcher Unwissenheit, ist es nicht möglich, frei von Leiden zu sein. Gleichzeitig werden jene, mit denen wir verbunden sind, weit von der Beziehung zu uns weggetrieben, und wir führen schließlich ein sehr einsames Leben.

Die eigenen Aufgaben lustlos zu erfüllen statt mit vollem Engagement, zeigt, dass man nur tun möchte, was einen erfreut und man das vermeidet, was einem unangenehm ist. So müssen die Auftraggeber ständig nachprüfen und sind besorgt, dass die Arbeit nicht korrekt erledigt wird. Das heißt, wir werden zu unzuverlässigen Menschen. So sind wir nicht in der Lage, Tugend anzusammeln und führen eine unsichere Existenz.
Anderen zu Wohlbefinden zu verhelfen, baut Tugend auf; aber Kummer und Ärger zu verursachen, führt nur zu Leiden für uns selbst.

Wenn man zum Beispiel unpünktlich ist, werden andere dadurch belästigt und verärgert; und es wird unmöglich, irgendeine Aufgabe erfolgreich auszuführen. Ein solch ignorantes Handeln schädigt letztendlich den Körper und die Gesundheit und es verursacht auch Stress für andere. Jede Arbeit, die man übertragen bekommen hat, sollte man mit vollem Engagement tun, um andere zu unterstützen und sie glücklich zu machen; denn so wird viel Tugend aufgebaut, Unwissenheit beseitigt und Weisheit hervorgebracht. Solcher Fleiß wird uns schließlich erstrahlen lassen wie einen Diamanten hoher Qualität.

In diese Welt geboren worden zu sein, bedeutet, mit Liebe und Mitgefühl Buddha- und Bodhisattva-Handlungen zu tun, denn das ist der Grund in diese Welt zu kommen. Das Leben zu leben heißt, allen anderen zu nützen; das ist der Weg, Glück zu erschaffen, das dann auch zu uns kommt.

Sich selbst nützen - und anderen

8193. 14. November 2014, Lotus Buddhist Monastery

Zu anderen eine angenehme Beziehung herzustellen ist schwierig, wenn man dabei nur seinen eigenen Vorteil vor Augen hat. Eine solche Selbstbezogenheit blockiert das Vertrauen und den Respekt der anderen. Natürlich stimmt es, dass alle Menschen Vorteile insbesondere für sich selbst erzielen wollen, aber dann weiß und versteht man doch nicht, was echtes Sorgen für sich selbst beinhaltet. Deshalb lehrte uns Buddha Sok Ga Mo Ni, wie wir ein korrektes Leben führen und korrekte Beziehungen herstellen können.

Nur am eigenen Vorteil und am eigenen Fortkommen anzuhaften, führt dazu, dass man die korrekte Ethik und das korrekte Benehmen verliert. Ein übertriebenes Bedürfnis nach persönlichem Komfort und nach Erfolg löscht jeden Fleiß aus und macht einen fauler als andere. Der Arbeitswille lässt nach, und der Wunsch, von anderen Hilfe und Unterstützung zu bekommen, nimmt ständig zu. Selbst wenn man Hilfe erhält, möchte man weiterhin ausschließlich dem eigenen Willen folgen. Wenn diese Bedingungen nicht völlig erfüllbar sind, so wie man sich das vorgestellt hat, dann beklagt man sich und sagt, dass man nicht anständig behandelt wurde; tatsächlich sucht man Fehler bei anderen, weil man keine wahre Dankbarkeit kennt. Die Lippen mögen zwar Worte von Hochachtung hervorbringen, aber die Handlungen zeigen das Fehlen wahrer Fürsorge.

Sogar gute Möglichkeiten für andere zu arbeiten werden ausgeschlagen, und daher bietet einem niemand mehr eine solche Gelegenheit an. Es ist, als ob jemand sagen würde: "Ich liebe dich und möchte bei dir sein" - taucht aber die Möglichkeit auf, zusammen zu sein, wird die Situation oder die gemeinsame Arbeit zurückgewiesen, weil man nicht in der Lage ist, damit umzugehen. Stattdessen wird nur das verfolgt, was die eigenen Bedingungen erfüllt und Komfort bringt. So kümmert man sich nicht aufrichtig um andere, sondern zeigt nur seine Gier, die eigenen Bedingungen zu erfüllen. Mit einer solchen Einstellung ist es schwierig, im Leben voranzukommen.

Die Wahrheit ist, dass man selbst und andere nicht zwei sind. Wenn man jemanden wirklich liebt und mit dieser Person zusammen sein möchte, dann erfordert diese Handlung keine Aufopferung. Denke daran: Buddhismus ist keine Religion des Opferns. Im Buddhismus geht es um Nutzen für sich selbst und für andere und zwar indem man sich selbst hell und klar strahlend macht. Gleichzeitig ist er darauf ausgerichtet, anderen aufrichtig zu helfen. Und das kommt allen gemeinsam zugute.

Die Lehre Buddhas leitet alle fühlenden Wesen an, aus der Dunkelheit herauszukommen und lässt sie das Licht der Weisheit in sich selbst zu finden - das bedeutet, auf ewig glücklich zu sein.

Arbeit ist eigentlich keine Arbeit

8213. 4. Dezember 2014, Lotus Buddhist Monastery

Wenn man es zu schätzen weiß, dass man eine gehobene und prestigereiche Position innehat und die damit verbundenen Aufgaben aufrichtig erfüllt, dann führt das zu einem sicheren Leben. Im gegenteiligen Fall führt allerdings ein unwissender Geist dazu, dass man die Menschen herumkommandiert. Und wenn die einem übertragenen Aufgaben auf eine faule Weise ausgeführt werden, dann wird das zu einem unsicheren Leben führen - das gilt umso mehr, je wichtiger die Position ist. Auch sind Fortschritte so nur schwer zu erzielen.

Wir machen uns selbst höher oder niedriger gestellt - ganz entsprechend unseren Handlungen; daher ist es notwendig, den unwissenden Geist zu beseitigen. Entwickeln sich Situationen nicht wie erwartet, ist es nicht weise, sich darüber aufzuregen oder andere zu beschuldigen oder sich zu wünschen, dass andere versagen sollen. Diese Art von Geist muss völlig beseitigt werden, nicht einmal eine

Spur davon darf zurückbleiben. Denn solches Denken bringt einem selbst keinerlei Nutzen; tatsächlich ist es auch für andere schädlich und erzeugt so doppelt negatives Karma.

Die Arbeit, die getan wird, oder die Aufgabe, die einem gegeben wurde, deuten auf eine Ursache hin, die in einem früheren Leben geschaffen wurde; und so erscheint sie auch in diesem Leben. Gleichgültig welche Arbeit es ist, wenn sie auf eine aufrichtige und ernsthafte Weise getan wird, verwandelt sie einen in eine vertrauenswürdige und verlässliche Person.

Führt man Aufgaben in einer höheren Position erfolgreich aus, wird einem das Sicherheit geben und man wird die Bewunderung und Anerkennung des Chefs auf sich ziehen. Man sollte allerdings vorsichtig sein, denn das kann auch zu einem übertriebenen Selbstvertrauen führen, und dazu, dass man seine Arbeit nicht mehr korrekt ausführt. Wenn man Aufgaben ausführt ohne faul zu sein, wird man sich auch selbst überprüfen; auf diese Weise kann der Geist immer in die Stille gegeben werden. Und jede Arbeit wird ohne Stress gemacht. So erreicht man viel an diesem angenehmen Ort.

Arbeit ist eigentlich keine Arbeit. Sie ist, mit anderen Worten, einfach nur das, was zu tun ist. Sie ist das Leben selbst. Anstatt zu denken, dass es Arbeit ist, sollten die Bewegungen des Körpers und des Geistes so verstanden werden, dass sie das Leben überaus kostbar und schätzenswert machen. Eine solche Geisteshaltung und ein solches Denken bei der Arbeit ändern die Natur des Arbeitens. Es ist, anders gesagt, überhaupt keine Arbeit. Das bedeutet auch, dass Arbeit getan wird, wenn es gar keine Arbeit gibt, und sie wird mit einem überaus glücklichen Geist geleistet. Alle Blockaden, die auftauchen mögen, verschwinden sehr schnell. Dann entdeckt man, dass eine solche Weisheit niemals austrocknet, so oft man auch aus ihr schöpft und sich ihrer bedient. Warum? Weil alles aus dem

Selbst kommt. Was immer man tut und sagt, wird folglich anderen automatisch nützen und sie zufrieden stellen.

Vor langer Zeit gab es im Orient eine Dame, die so großes Gefallen am Nähen fand, dass sie dachte, diese Fähigkeit käme vom Himmel. Wenn sie auch nur einen Tag ohne Nähen zubrachte, hatte sie das Gefühl, dass etwas in ihrem Leben fehlte oder verloren gegangen war. Tatsächlich hatte sie dann sogar das Gefühl, sich selbst verloren zu haben. Sie nähte daher alle Kleider so bewundernswert, dass sie eine berühmte und gebrauchte Person in dieser Stadt wurde. Sie wusste es immer wertzuschätzen, dass sie diese Fähigkeit hatte, Kleider für andere zu nähen.

Bei Geschäften sollen beide Seiten profitieren

8296. 25. Februar 2015, Lotus Buddhist Monastery

Vor langer Zeit ging ein Abtmönch über einen Markt und begegnete dort einer Frau, die Mitglied seines Tempels war. Sie bot ihm Unterwäsche an und meinte: „Dies ist sehr teure Ware, aber dem Sunim überlasse ich sie zum Selbstkostenpreis, auch wenn ich dabei kein Geld verdiene.“ Der Mönch schaute sie an und meinte: „Aber ich kann das nicht kaufen, wenn Sie dabei keinen Gewinn machen.“

Als der Mönch im Begriff war zu gehen, dachte sich die Frau, die die Zurückweisung dieses Angebots nicht verstand: Wenn sie keinen Gewinn macht, aber doch möchte, dass er den Nutzen hat, warum lehnt er das ab? Der Mönch sah ihre Verwirrung und erklärte: „Ich kann keinen Kauf machen, der Ihnen jeden Gewinn vorenthält; und ich kann auch nicht etwas tun, was mir keinen Nutzen bringt. Wenn alle Menschen auf der ganzen Welt Geschäfte machen würden, ohne davon irgendeinen Nutzen zu haben - wie würden sie dann ihr Leben bestreiten? Das ist keine weise Art zu leben. Der korrekte Weg ist, dass wir beide einen Nutzen daraus ziehen. Das ist in Wirklichkeit das Mittel, ein Leben in gleichmäßigem Wohlstand zu genießen."

Die Frau meinte darauf: „Wenn das so ist, dann gebe ich Ihnen diesen Artikel, der eigentlich 50 $ kostet für 40 $; dann mache ich immer noch einen kleinen Gewinn. Bei diesem Geschäft verdiene ich nur 20 %." Der Sunim gab ihr dann zusätzliche 10 $ und sagte: „Bei Geschäften müssen Sie mindestens 30 % machen. Stimmt das nicht?" Der Sunim war da sehr glücklich, der Marktfrau eine Freude zu machen, und sie war wirklich froh, dass sie Gewinn machte.

Wir leben tatsächlich in dieser Welt, um einander zu nützen. Durch solche umsichtigen Transaktionen sorgen wir füreinander, für unsere Gesellschaft und die ganze Welt. Andere zu verletzen und ihnen zu schaden bedeutet dagegen, sich selbst zu verletzen und zu schaden.

Daher wird es unweigerlich Leiden bringen, wenn man andere bei finanziellen Transaktionen übervorteilt, um selbst einen unfairen Gewinn zu erzielen. Ebenso wird das Entwenden von Eigentum anderer um persönliche Begierden zu befriedigen, damit enden, dass man sich selbst verliert. Dies ist das Gesetz von Ursache und Wirkung.

Eine schwierige Situation ist in Wirklichkeit keine solche

8359. 29. April 2015, Lotus Buddhist Monastery

Wer ständig auf eine höhere Position aus ist, weil er mit seiner gegenwärtigen Position und Situation nicht zufrieden ist, möchte unentwegt erfolgreicher als andere sein.

Aber diese Bemühungen fleißig nach Erfolg zu streben, können bei anderen auf Widerstand stoßen. Das Erreichen eines Ziels kann Eifersucht bei ihnen erregen; es kann zu Versuchen kommen, diese Bemühungen zu durchkreuzen und schlecht zu machen. Die vielen Hindernisse, mit denen man umgehen muss, können daher dazu führen, dass man sich unglücklich fühlt und nicht genug Selbstvertrauen hat, um damit fertig zu werden. Auch die schwierigen menschlichen Beziehungen, die man aushalten muss, führen zu intensivem Leiden.

Es ist ganz eindeutig weise, in einer solchen Situation zu versuchen, nicht darunter zu leiden, sondern sie als etwas zu akzeptieren, dem man sich stellen muss und durch das man hindurchgehen muss. Indem man die Schwierigkeiten eine nach der anderen bewältigt, wird es offensichtlich, dass man dadurch viele wertvolle Erfahrungen gemacht hat. Und mit zunehmender Erfahrung wird man herausfinden, wie man diese Hürden überwindet. Belastungen und Bedrängnis sollten daher als ausgezeichnete Gelegenheiten gesehen werden, Fähigkeiten zu entwickeln. Mit wie vielen Hindernissen man auch konfrontiert ist, die Entdeckung des eigenen Selbstvertrauens setzt die Kraft frei, sie alle zu überwinden.

Diese Art von Kraft und Fähigkeit kann man nur selbst erlangen und anwenden; deshalb kann von anderen kein Verderben, kein Schmerz, keine Verdruss oder Unheil verursacht werden. Man sollte daher selbst für jene Mitgefühl haben, die aus Eifersucht versuchen, einen zu verletzen und zu schädigen. Außerdem wird mit dem tiefen Glauben an die Drei Juwelen von Buddha (das Absolute, die Wahrheit), Dharma und Sangha und je mehr man die Schätze in sich selbst entdeckt, umso großartiger die Weisheit erstrahlen, die alle anderen umschließt.

Eine schwierige Situation ist in Wirklichkeit keine solche. Denke daran: „Eine schwierige Situation“ ist nichts weiter als ein Ausdruck. Die Entscheidung zu bestimmen, was schwierig ist, macht bestimmte Umstände schwierig. Wenn sie als kompliziert wahrgenommen werden, taucht sofort Faulheit auf. Wann immer daher der Gedanke „schwierig“ auftaucht, ist es am besten den Geist der Faulheit zu beseitigen. Dann kann man automatisch aus der Schwierigkeit gerettet werden und auf einem sehr angenehmen und strahlenden Weg gehen.

Umgang mit Mitarbeitern

8366. 6. Mai 2015, Lotus Buddhist Monastery

Im sozialen Leben ist eines ganz wesentlich: frei zu sein von Arroganz und Ego im Umgang mit anderen am Arbeitsplatz. Anderenfalls wird ein unkontrolliertes und aufgeblähtes Ego zahlreiche negative Beziehungen und schädliche Interaktionen mit anderen erschaffen.
Deshalb sollten Menschen in höheren Positionen Kollegen in einer niedrigeren Stellung nicht herabsetzen oder rücksichtslos gegen sie handeln; denn wenn das geschieht, wird der rachsüchtige Geist niemals enden.
Mitarbeiter in einer gehobenen Stellung sollten erkennen, wie kostbar jede einzelne Person ist, und sie sollten es unterlassen, mit anderen rücksichtslos umzugehen. Manchmal werden aber Menschen aus einer niedrigeren Funktion in eine höhere Position befördert und vergessen dann, dass sie als Mitarbeiter mit einem niedrigen Status nicht respektiert wurden. Folglich setzt sich die Praxis fort, mit Angestellten abwertend umzugehen, genauso wie es die früheren Vorgesetzten gemacht haben. So ist es schwierig, den Ort der Arbeit friedlich zu gestalten.

Ganz ähnlich war es in alten Zeiten wenn die Schwiegermutter sehr

gemein und eigensinnig mit ihrer Schwiegertochter umging; die litt sehr darunter. Als sie aber älter wurde und ihr Sohn heiratete, wurde sie selbst zur gleichen Art von Schwiegermutter; tatsächlich konnte sie noch viel schlimmer und härter mit ihrer neuen Schwiegertochter sein. So ging der Friede in der Familie verloren.
Und darum sollte man, welcher Art die Beziehung zu anderen auch sein mag - ob man einander nun mag oder nicht mag - alle einem anvertrauten Aufgaben von ganzem Herzen erfüllen, anstatt Unterscheidungen zu treffen. Befinden sich andere im Irrtum, ist es weise, eine korrekte Rückmeldung zu geben, aber nur aus echter Fürsorge heraus und nicht aus Arroganz und Ego. Das wird zu gegenseitigem Respekt und Vertrauen führen, sodass alle im Rahmen einer friedlichen Familie leben können.

Das negativste Karma im sozialen Leben wird gemacht, wenn man falsche und negative Gerüchte in Umlauf setzt, um andere zu vernichten oder ihnen zu schaden. Dafür muss der Ausgleich bezahlt werden und auf diese Weise ist es nicht möglich, ein friedvolles und glückliches Leben zu führen.

Die Persönlichkeit der Mitarbeiter ist entscheidend

8488. 5. September 2015, Lotus Buddhist Monastery

Wenn man in einer Organisation, einem Unternehmen oder an einem Arbeitsplatz nur den eigenen Vorteil verfolgt und sich nur darum kümmert, dann wird es für diese Organisation, Firma oder dieses Unternehmen schwierig, erfolgreich zu sein. Es bringt vielmehr viele Schwierigkeiten und Probleme mit sich.

Und zwar nicht, weil das Geschäft oder die Ware nicht gut wären. Ein Problem mit einem von beiden ist leicht zu lösen. Die wirkliche Ursache ist meistens, dass jene, die in solchen Unternehmungen arbeiten, den Großteil der Schwierigkeiten und Hürden erzeugen.

Daher wird es für ein Unternehmen immer schwierig sein, Erfolg zu haben, wenn sein Personal einen negativen Geist hat, Probleme erzeugt und untereinander nicht harmonieren möchte - ganz egal wie überlegen seine Produkte sein mögen. Deshalb wird von alters her die Persönlichkeit von möglichen Angestellten gründlich untersucht. Ein mitfühlender Chef mag dieses ausschlaggebende Kriterium manchmal nicht beachten, was aber für das Unternehmen und seinen Besitzer immer zu Problemen führen wird.

Gibt es im Unternehmen jedoch einen Angestellten, der glücklicherweise einen loyalen und aufrichtigen Geist hat, dann kann die Firma Schwierigkeiten überwinden und mit ruhigen Geschäftsabläufen fortfahren, auch wenn sie in einer riskanten Situation bestehen muss.

Die Wahrheit ist: Damit man sich um sich selbst kümmern und persönliche Vorteile wirklich erlangen kann, muss zuallererst die Firma oder Organisation gedeihen. Denn der Erfolg eines blühenden Unternehmens kommt den Angestellten zugute. Ähnlich ist es mit der Gesellschaft und einem Land in dieser Welt. Wenn es einem Land gut geht und es erfolgreich ist, dann geht es auch den Bürgern gut. Aber wenn das Land zugrunde geht, sind auch die einzelnen Bürger am Boden zerstört und müssen sogar fliehen. Eine solche Situation ist in der Tat sehr traurig.
Deshalb wird seit dem Altertum gesagt: Wenn ein Land oder eine Organisation wenigstens drei aufrichtige und loyale Menschen hat, dann wird dieses Unternehmen oder dieses Land niemals Probleme haben. Gibt es zwei aufrichtige und loyale Menschen, braucht man sich wegen eines Bankrotts keine Sorgen machen. Und wenn es eine aufrichtige Person gibt, wird der gute Name der Firma oder der Organisation immer bestehen bleiben.

Der Mittlere Weg in Beziehungen

Die Wichtigkeit von Beziehungen

Das große Glück lang andauernder Beziehungen
6143. 4. April 2009, Lotus Buddhist Monastery

In den Sutras sagt Buddha Sok Ga Mo Ni, dass jemand, der eine lang andauernde Beziehung zu anderen hat, ein erfolgreicher Mensch ist. Durch diese Tugend, die er durch diese Beziehung erschafft, wird er immer ein angenehmes und schätzenswertes Leben haben. Das ist wahr, egal ob es sich um eine Beziehung zwischen einem Meister und einem Schüler, Ehemann und Ehefrau, Liebenden, Freunden, Kollegen, Geschäftspartner usw. handelt.

Haben Menschen eine lang andauernde Verbindungs-Beziehung, dann bedeutet das, dass sie viel Fürsorge füreinander haben und viel Ausdauer. Sie nehmen die guten Seiten des anderen an, aber auch die negativen. Sie haben den schönen Geist des Vergebens und gleichzeitig haben sie eine aufrichtige, schöne Loyalität zueinander. Während sie ihre lang anhaltende Beziehung aufrechterhalten, haben sie daher Mitgefühl füreinander und leben miteinander wie eine Familie.

Menschen, die lang andauernde Beziehungen haben können, werden immer von anderen respektiert, werden zu gebrauchten Personen und nützen einander. Die Tugend, die sie durch diese Verbindungs-Beziehung erschaffen, wird ihnen helfen, ein glückliches Leben zu haben - nicht nur in diesem Leben, sondern Leben nach Leben.

Aber selbst wenn jemand eine lang andauernde Beziehung zu

jemanden hat, wird er unter Umständen entscheiden, sie abzubrechen; das kann durch seine Unwissenheit geschehen, er kann von dem eingefangen werden, was eine andere Person sagt oder die Verbindungs-Beziehung passt zu diesem Zeitpunkt nicht mehr zu seinen Bedingungen. Eine solche Person ist wie jemand, der hart gearbeitet hat um eine Pagode oder eine Stupa zu errichten und dann plötzlich entscheidet, sie niederzureißen; danach wird er das sehr bedauern.

Buddha (was bedeutet: das Absolute, die Wahrheit) sagt, dass jemand, der eine lang andauernde Beziehung hat, sogar nach dem Tod niemals einsam sein wird. Wird er wiedergeboren, wird er von vielen Menschen respektiert und geliebt. Er wird ein sehr glückliches Leben haben.

Eine lang andauernde Beziehung zu haben ist wie über viele Berge zu klettern. Während sie klettern, entwickeln die Menschen viel Fürsorge und Verständnis füreinander; und sie werden einen großen Weg vor sich haben, daher werden sie Freude aneinander haben und einander schätzen.

Verbindungs-Beziehungen aus früheren Leben

6709. 22. Oktober 2010, Lotus Buddhist Monastery

Manchmal trifft man eine Person zum ersten Mal, fühlt sich ihr aber schon nahe und möchte ihr noch näher kommen. Sie mag gar nicht viel zu bieten haben, ihre Erscheinung mag nicht außergewöhnlich sein, sie mag auch nicht besonders klug sein und sie mag einen nicht einmal nett behandeln - und trotzdem möchte man dieser Person näher kommen.

Sieht man diese Person eine Weile nicht, fragt man sich, ob es ihr gut geht. Man hat das Gefühl, dass sie Teil der Familie ist. Das ist deshalb so, weil man vom letzten Leben und von vielen früheren Leben her eine Verbindungs-Beziehung zu dieser Person hat. Diese Person hat einen damals vielleicht geholfen oder sie war ein Familienmitglied, ein Geliebter oder ein Freund.

Manchmal ist aber das Gegenteil der Fall. Man hat jemanden gerade erst kennengelernt, möchte aber nicht mit ihm sprechen. Ein Geist der Abneigung taucht auf, obwohl er einen nicht verletzt oder enttäuscht und auch nichts falsch gemacht hat. Man möchte einfach nichts mit ihm zu tun haben.

Je öfter man ihn sieht, desto aufgebrachter oder eifersüchtiger wird man. Was immer er sagt, stört einen. Das ist deshalb so, weil man in einem früheren Leben zu ihm keine gute Verbindungs-Beziehung hatte oder er hat einen verletzt, geschadet oder enttäuscht.

Wir werden in viele Leben geboren und wiedergeboren und haben daher unzählige Verbindungs-Beziehungen zu anderen. Es ist auch jetzt so und wird auch in der Zukunft so sein. Deshalb ist es wichtig, in diesem Leben korrekte Verbindungs-Beziehungen zu anderen zu haben.

Wenn es gegenwärtig jemanden gibt, den du nicht magst, versuche mit ihm auf eine korrekte, nette und aufrichtige Weise umzugehen. Gibt es da jemanden, den du magst, dann ist das umso mehr ein Grund, dich korrekt zu verhalten und deine Begierden und deine Gier nicht auftauchen zu lassen.

Gute und schlechte Freunde

8159. 11. Oktober 2014, Lotus Buddhist Monastery

Ein guter Freund ist jemand, der:
1. Freunden hilft, ihre Fehler zu erkennen;
2. überaus glücklich ist, wenn es Freunden gut geht;
3. immer bei seinen Freunden bleibt, um ihnen zu helfen und nicht Reißaus nimmt, wenn sie leiden.

Im Gegensatz dazu, ein schlechter Freund:
1. will den Freunden ihren Besitz, ihre Position oder ihr Geld wegnehmen;
2. lügt immer;
3. denkt nur an den eigenen Ruf;
4. führt andere mit irreführenden Lehren auf den falschen Weg.

Und ebenso verhält es sich mit Verbindungs-Beziehungen: Sie sollten nur eingegangen werden, wenn es eine Klarheit gibt, die es uns ermöglicht, andere klar wahrzunehmen. Auf diese Weise verhindert man zukünftige Probleme für beide Seiten.

Aber die Verbindung zu Menschen, mit denen man viele Jahre verbunden ist und deren Handlungen und Persönlichkeit über die Jahre beharrlich negativ geblieben sind, sollte nicht abgebrochen werden. Viel besser ist es, sich für einige Zeit etwas Raum zu nehmen, denn das wird helfen zur Ruhe zu kommen. Vergiss nicht, ein dunkler und gieriger Geist wird eifersüchtig und möchte die Besitztümer seiner Freunde haben. Deshalb wird zu Lügen Zuflucht genommen, um Neid und Habgier zu verdecken, was viel Verwirrung verursacht und andere hinters Licht führt.

Bis man klar ist, ist es weiser etwas Distanz zu halten. Insbesondere Menschen haben Buddha-Natur, was bedeutet, dass Menschen im

Grunde weder gut noch schlecht sind. Warum? Weil der Geist eines Menschen leer ist. Deshalb wird eine Person gut oder schlecht, je nachdem womit dieser leere Raum gefüllt wird und wie man das benützt und je nach der Art, wie der Geist ausgerichtet wird.

Es ist daher sehr wichtig, von jenen etwas Abstand zu halten, die es einem schwer machen und Leiden bereiten. Natürlich ist es nicht korrekt, die Verbindungs-Beziehung abzubrechen. Verbindungen zu anderen und Umgang mit ihnen entstehen, weil es starke Verbindungen aus vielen früheren Leben gibt; deshalb wird eine Verbindung in diesem Leben hergestellt. Wird diese Verbindungs-Beziehung aus irgendeinem Grund aber abgebrochen, wird sie nur umso negativer.

Wesentlich ist, eine Verbindung als etwas Kostbares zu sehen und mit viel Geduld und Ausdauer damit umzugehen unabhängig von der Art der Verbindung und von der Person, mit der man verbunden ist. Und wenn die eigenen Aufgaben mit vollem Engagement erledigt werden, dann kann sich sogar eine negative Verbindung in eine positive wandeln. Wir können das zustande bringen, weil wir alle in der Welt Buddhas leben und in Wirklichkeit eine Familie sind.

Nicht unterwürfig sein, niemanden herabsetzen

8341. 11. April 2015, Lotus Buddhist Monastery

In den Sutras weist uns Buddha an, nicht unterwürfig denen gegenüber zu sein, die höher stehen und besser sind als wir selbst und niemanden herabzusetzen, der eine niedrigere Position einnimmt. Stattdessen sollten wir von den uns Überlegenen deren gute Seiten lernen; und wir sollten Mitleid mit den Unzulänglichkeiten jener mit weniger Fähigkeiten haben und versuchen, ihnen nicht gleich zu sein. Wir sollten uns also eifrig bemühen und mit ganzem Engagement daran arbeiten, respektiert zu sein, von anderen gebraucht zu werden und eine gesuchte Person zu werden.

Deshalb ist es wichtig alle, die wir in irgendeinem Zusammenhang kennenlernen, zu beobachten, ihnen zuzuhören und von ihnen zu lernen. Die Verbindung zu jedermann muss daher als kostbar angesehen werden. Wenn unser Geist nicht blockiert ist, ist es darüber hinaus möglich, zu jedem, dem wir begegnen, eine sehr gute Beziehung aufzubauen. Ist der Geist aber behindert und irritiert, sind die Beziehungen zu anderen nicht ausgeglichen. Besonders wenn im Geist mehr Negativität vorhanden ist, werden andere dementsprechend reagieren.

Was immer daher an Blockaden und Störungen existiert, sollte zuerst beseitigt werden, indem man aufrichtig praktiziert. Deshalb wird der Prozess des Vertreibens von Blockaden "Praxis" genannt. Es ist notwendig, kontinuierlich und standfest zu praktizieren und sich selbst zu polieren, um Klarheit zu erlangen; denn dann beginnt die Negativität, die man in sich trägt, zu verschwinden. Von da an wissen wir, wie wir mir jedem Einzelnen, jeder Persönlichkeit und Identität umgehen können, egal mit wem wir es zu tun haben. Ob sie positiv oder negativ sind, mit allen können wir dauerhafte und gute Beziehungen pflegen.

Es ist wichtig auf dem Mittleren Weg zu bleiben. Starke Sympathie oder starke Antipathie zu hegen, behindert das Herstellen von langdauernden Beziehungen und erschafft daher viel Qual und Leiden. Auch eine Beziehung, die sich auf Unterscheidungen gründet, kann nicht lange andauern. Daher ist jede Person wichtig.

Die Bedeutung anderer wirklich zu erkennen, hilft uns, unsere Ausdauer auch in schwierigen Zeiten aufrechtzuerhalten. Dann kann sogar die Praxis der Sechs Paramita ganz von selbst ausgeführt werden. Und auch die Acht Leiden der Menschen werden ausgelöscht; und wir können mit großer Freude die Acht Befreiungen erlangen, welche aus den Acht Leiden entstehen.

Ein alter Minister ist der beste Minister

8552. 8. November 2015, Lotus Buddhist Monastery

Es gibt ein altes Sprichwort: "Ein alter Minister ist der beste Minister." Das bedeutet, dass langjährige Beziehungen oft besser und angenehmer sind als neue Begegnungen. Andererseits können lang andauernde Beziehungen sowohl Phasen der Negativität und des Streits erleben, als auch tiefe Harmonie und Wohlwollen. Obgleich unwissende Handlungen vorkommen, wird einem dennoch mehr und mehr die gegenseitige Wertschätzung bewusst. Aber trotz dieses Umgangs miteinander werden die Nähe und die Verbindung oft nicht ganz verstanden.

Gleichzeitig nimmt der gegenseitige Nutzen zu. Aber erst wenn man sich trennt, beginnt einem die Erkenntnis zu dämmern, dass jene, mit denen man lange zusammen war, die Besten sind. Wenn dann die Verbindungs-Beziehung nicht angenehm ist, erhält man zahlreiche Klagen, viel Bedauern und Scham tauchen dann auf wegen des eigenen Verhaltens, das das Entstehen einer besseren Beziehung verhinderte.

Trifft man aber plötzlich einen Fremden, scheint das sehr seltsam und unangenehm zu sein; so erkennt man schließlich, dass ein alter Minister der beste Minister ist.

Das Leben ist jedoch unbeständig und es gilt das Gesetz, dass wir uns von jenen, mit denen wir zusammen kommen, wieder trennen müssen. Gibt es aber ein Karma von Ursache und Bedingung, dann wird die Zeit des Wiederzusammenkommens kostbar sein und geschätzt werden. Aus gegenseitigem Respekt wird dann jeder sein Bestes tun, dem anderen entgegenzukommen. Durch dieses Bemühen werden sogar wirklich vorhandene Schwierigkeiten verschwinden und es wird der Weg zu einer sehr guten Beziehung geebnet. Aber wenn andere faul sind, werden viele Schwierigkeiten auftreten, wodurch sich alle unwohl fühlen. Wenn wir aber bescheiden und fleißig sind, wird es zu keinen Problemen kommen, ganz egal, mit wem wir es zu tun haben.

Wenn Menschen dann faul sind, wird es möglich sein, sie ihr Verhalten erkennen zu lassen; und man kann ihnen helfen, sich in Bodhisattva-Handlungen zu engagieren. Das ist natürlich nicht einfach. Aber gleichgültig, wo man hinkommt, wen man trifft und was man tut und ob man jetzt sitzt oder geht - dieser Ort ist tatsächlich das eigene zu Hause. An diesem Ort ist es notwendig, den Geist eines Eigentümers zu haben. Man kümmert sich also an diesem Ort um diesen Ort, als ob es das eigene Haus wäre und erfüllt die einem übertragenen Aufgaben von ganzem Herzen. Dann ist es egal, wen man begegnet - alle Schwierigkeiten und jede Unwissenheit werden verschwinden und den Weg frei machen für Harmonie mit allen.

Drei Arten von Personen

6593. 28. Juni 2010, Lotus Buddhist Monastery

Es gibt einige verschiedene Arten von Personen. Zum Beispiel:

1. Es gibt eine Art von Person, die man vielleicht lange Zeit nicht gesehen hat, aber immer wenn man sie trifft, oder wenn man von ihr wieder Abschied nimmt, fühlt man einen Geist der Wertschätzung und hofft, dass man sie oft wieder trifft.

2. Es gibt eine Art von Person, bei der man sich zuerst freut, sie zu treffen. Aber immer wenn man eine Weile mit ihr war, und immer wenn man sich wieder von ihr verabschiedet, fühlt man sich nicht wohl; man möchte sie möglichst nicht wieder treffen.

3. Es gibt eine Art von Person, mit der man sich niemals unwohl fühlt, auch wenn man oft mit ihr zusammen ist. Man hat immer den Wunsch mit ihr zusammen zu sein und wenn man sich trennt, hofft man, sie sehr bald wieder zu sehen.

Es verhält sich so: Personen vom Typ 1 und Typ 3 bringen anderen Nutzen. Sie denken nicht nur an ihre eigenen Angelegenheiten, sondern auch an die Belange der anderen. Sie denken darüber nach, wie sie ihnen helfen und nützen können. Sie haben Liebe und Mitgefühl für andere. Ihre Beziehungen sind beständig und beide Teile haben ein sicheres Leben. Diese Menschen bauen auch Tugend für sich selbst auf; deshalb sind sie in einer Position, aus der heraus sie anderen wirklich helfen können. Sie werden stets von anderen respektiert.

Aber eine Person vom Typ 2 stellt Beziehungs-Verbindungen zu anderen lediglich zu ihrem eigenen Nutzen her. Selbst wenn so jemand gute Verbindungs-Beziehungen zu anderen haben mag, schneidet er sie ab. Was immer er gemeinsam mit anderen unternimmt, entwickelt sich nicht gut. Sein Leben ist instabil und kennt viele Aufs und Abs.

Deshalb sagt Sok Ga Mo Ni Buddha immer: Sich um andere zu kümmern, bedeutet, sich um sich selbst zu kümmern.

Der Wind macht im Meer Wellen, aber ein gewelltes Meer ohne Wind ist kein Meer.

Ehrlichkeit in Beziehungen

6744. 26. November 2010, Lotus Buddhist Monastery

Es spielt keine Rolle unter welchen Umständen man sich trifft, man stellt eine Verbindungs-Beziehung zu einander her. Ohne darüber nachzudenken mögen sich manche Menschen automatisch und einige andere mögen sich automatisch nicht.

Manchmal wird eine Verbindungs-Beziehung durch bestimmte Bedingungen hergestellt, weil jemand zum Beispiel die Hilfe einer anderen Person benötigt. Obwohl er diese Person nicht mag, versucht er sie zu mögen. Aber so sehr er es auch versucht, es führt zu keinem Erfolg. Gleichzeitig bringt diese Art von bedingter Verbindungs-Beziehung viel Negativität hervor. Beide Seiten beschweren sich übereinander und es gibt viele Anschuldigungen.

Man erschafft durch eine solche Situation daher viel negatives Karma für sich selbst. Sei daher immer ehrlich und aufrichtig und nicht jemand, den andere nicht mögen. Sind zwei Menschen ehrlich und aufrichtig, können sie sich mit der Zeit mögen, selbst wenn sie sich anfangs nicht mochten.

Jenseits von Mögen und Nicht-Mögen können Menschen miteinander harmonieren, einander Nutzen bringen und sich miteinander wohlfühlen. Das bedeutet: Wenn man jenseits aller Bedingungen ehrlich und aufrichtig ist, kann man jedem, den man trifft, nützen und es ihm angenehm machen.

Vergiss nicht: Salz ist auf jeden Fall salzig und Zucker süß.

Das bedeutet: Was man mag, das mag man. Und was man nicht mag, mag man nicht. Bis man selbst zu einem Buddha geworden ist, sollte man Situationen vermeiden, in denen man Umgang mit Menschen hat, nur um die persönlichen Bedingungen zu erfüllen. Versuche stattdessen Verbindungs-Beziehungen mit Menschen herzustellen, die du mögen und lieben kannst. So kann man zu einer Person werden, die anderen wirklich nützen kann und sie glücklich macht.

In Beziehungen über Mögen und Nicht-Mögen hinausgehen

7927. 21. Februar 2014, Lotus Buddhist Monastery

Befindet man sich in Unwissenheit, das heißt in einem unklaren Zustand, kann man leicht von anderen betrogen oder durch sie geschädigt werden. Eine solche Situation führt zu viel persönlichem Leiden. Ebenso kann es leicht zu Unannehmlichkeiten führen, wenn man zu anderen keine korrekten Verbindungs-Beziehungen hat.

Buddha Sok Ga Mo Ni sagte daher, dass es nicht korrekt ist,

Verbindungs-Beziehungen abzubrechen, weder aus Abneigung noch wegen übermäßiger Anhaftung, bis man Klarheit erlangt hat. Wenn man jemanden mag und die Zuneigung sehr intensiv ist, ist die Wahrscheinlichkeit hoch, dass man enttäuscht wird. Eine starke Erschütterung kann verletzen und eine große Narbe auf beiden Seiten zurücklassen. Dagegen ist es sehr förderlich, wenn man über Mögen und Nicht-Mögen hinausgeht und auf dem Mittleren Weg bleibt. Solche Bindungen werden für immer kostbar bleiben, nützlich und zufriedenstellend für beide Seiten.

Offensichtlich gibt es Menschen, mit denen man sich immer wohlfühlt. Auf der anderen Seite werden manche Beziehungen niemals herzlich oder entspannt, gleichgültig wie lange sie andauern. Die aufrichtigste, gefestigtste und engste Beziehung entsteht aber jenseits von angenehm und unangenehm; es ist dies ein Band, das Ruhe und Frieden erzeugt, ohne von etwas belastet zu sein. Es spielt dann keine Rolle, ob man zusammen ist oder nicht, nur an den anderen zu denken erzeugt warme und gute Gefühle. Die Zeit, die man miteinander verbringt ist natürlich die glücklichste und freudvollste.

Es ist wie Buddhas Liebe - sie ändert sich niemals und ist frei von allen Berechnungen von "Ich und Du". Solche Verbindungen bringen endlos echte Liebe. Deshalb sollten Menschen, die sich nahe stehen, immer korrekte Umgangsformen beibehalten. Das erschafft Gelassenheit und Glück und baut Vertrauen auf; man kann sich aufeinander verlassen.

Wenn man aber nur an den eigenen Vorteil denkt, macht einen das einsam. Und Einsamkeit ist bekannt dafür, Tugend zu verringern. Sich selbst wirklich zu lieben, bedeutet daher, an andere zu denken und sich um sie zu kümmern wie um sich selbst. Das bedeutet, sich wirklich selbst zu lieben.

Buddha Sok Ga Mo Ni wurde von anderen so sehr verehrt, respektiert und geliebt, weil Er alle fühlenden Wesen aufrichtig liebte und einen unermesslich mitfühlenden Geist hat. Deshalb kam er als Mensch in diese Welt, um uns zu lehren und zu beschützen - um alle fühlenden Wesen Leben nach Leben immer zu beschützen.

Starre Konzepte verhindern gute Beziehungen

8022. 27. Mai 2014, Lotus Buddhist Monastery

Beziehungen werden entsprechend individueller Konzepte eingegangen und geführt. Passen die Konzepte zueinander, werden gute und herzliche Verbindungen hergestellt. Sind sie aber verschieden, kann die Verbindung erkalten, so innig sie auch sein mag, und das kann zu einer Entfremdung führen. Deshalb kommt es in allem, was man gemeinsam unternimmt, zu einer Verärgerung, zu Verletzungen und sogar zu Schmerzen und Leid.

Auf diese Weise machen Konzepte menschliche Beziehungen schwierig und bedrückend. Daher ist es eine wichtige Überlegung, ob man sich für Glück und Erfolg auf der einen Seite oder für großes Leid auf der anderen Seite entscheidet. Gleichgültig welchen Konzepten man anhängt, sollte man die Ohren und den Geist offen halten. Haftet der Geist nicht an persönlichen Ideen an, ist man in der Lage, die Geisteshaltung und die Meinungen anderer wahrzunehmen. Dann wird man zur rechten Zeit und am richtigen Punkt jenseits der entgegenstehenden Meinungen zusammenfinden und einen großen und richtigen Zweck erfüllen. Auf diesem Weg zu gehen, kann Frieden für alle bringen.

Haftet man aber stark an individuellen Konzepten an, wird es schwierig miteinander zu harmonieren. Zu solchen Zeiten sollte man die Lehre Buddhas, die die Täglichen Sutras sind, lesen und darüber nachdenken. Dann muss man die Tür des eigenen Geistes aufmachen und sich auf die Drei Juwelen von Buddha (das Absolute, die Wahrheit), Dharma und Sangha konzentrieren; denn dann wird die starke Mauer unserer Konzepte anfangen zusammenzubrechen. Man erkennt dann schnell, was es bedeutet für sich selbst zu sorgen und genauso aufrichtig für andere zu sorgen; so geht man auf dem korrekten Weg.

Ein Konzept an sich hat keine Selbstnatur. Der Gedanke, dass es ein Konzept gibt, kommt in Wirklichkeit vom kleinen „Ich", welches das Karma-„Ich" ist. Es ist dieses kleine „Ich" und das Karma-„Ich", welches die Mauer der Konzepte baut.

Weisheit bedeutet, alles niederzulegen und alles auszulöschen. An dem Ort, an dem es nichts mehr zu beseitigen oder niederzulegen gibt, taucht plötzlich allein das Weisheitslicht auf. Darin gibt es kein Du oder Ich und keinen Kopf oder Schwanz. Da gibt es kein schön oder hässlich. Das einzige, was an diesem Ort der Auslöschung und Stille verbleibt, ist der Ort, aus dem diese Weisheit hervorgeht.

Deshalb kehren 10.000 Dharmas zu eins zurück; und an dem Ort, an dem es nicht einmal eins gibt, gibt es kein Abbild, aber es strahlt wunderschön.

Der Mittlere Weg bei Freundschaften

8076. 20. Juli 2014, Lotus Buddhist Monastery

In menschlichen Beziehungen sollten die engsten Freunde immer korrekte Umgangsformen miteinander pflegen, denn dadurch werden sie sich wohl fühlen und die Beziehung wird lange andauern. Gibt es jedoch einen Mangel an Klarheit, kann es sogar unter den besten Freunden zu Missverständnissen und Zweifeln, zu

Enttäuschungen und schwerer Eifersucht kommen; das kann kostbare Verbindungs-Beziehungen zerstören.

Buddha lehrt uns daher Freundschaft zu schließen, aber gleichzeitig weder zu eng verbunden noch zu distanziert zu sein, sondern auf dem Mittleren Weg zu gehen, damit wir diese Verbindungs-Beziehung wertschätzen können. Und anstatt Freunde und Kollegen nur für den eigenen Vorteil zu benützen, ist es das Beste, sie zu unterstützen und ihnen zu helfen, denn diese Denkungsart wird langhaltende Verbindungen fördern, die beiden Seiten zugutekommen.

Um eine Freundschaft zu stärken und fortführen zu können, ist es weise, die guten Seiten des anderen zu loben und sich von Geist zu Geist miteinander zu verbinden, um die Wünsche des anderen zu verstehen. Ohne irgendetwas dafür zu erwarten, sollte man einander einfach nur nützlich sein und einander unterstützen und immer den Wunsch haben, dass es dem Freund gut geht. Dann wird die gegenseitige Verbindungs-Beziehung sehr kostbar werden.

Sich aber nach außen hin als der beste Freund zu geben und innerlich Abneigung zu hegen, wenn der Freund erfolgreich ist, ist keine Grundlage für eine korrekte Freundschaft. Man sollte auch nicht eifersüchtig oder gierig sein, das zu bekommen, was man nicht hat und was das Eigentum des Freundes ist.

Ein solches Verhalten sollte vermieden werden, aber dennoch setzen sich Ursache und Bedingung immer fort. Will man daher in Zukunft eine bessere Beziehung haben, sollte man unabhängig von der konkreten Situation immer versuchen, positiv zu sein und einen gütigen Geist zu haben; dann werden die Begegnungen in der Zukunft besser sein als die der Vergangenheit.

Die Verbindungen, die in dieser Welt am engsten und entspanntesten sein können, sind die mit Buddha (dem Absoluten, der Wahrheit), Dharma und Sangha, mit den Drei Juwelen. Diese Verbindungen erschaffen unendliche Unterstützung und Fürsorge füreinander. Gleichgültig wie die Umstände dann sind, wird echtes Verständnis füreinander im Überfluss vorhanden sein und ein freudvolles Leben für alle Beteiligten erschaffen.

Diejenigen, die durch den Dharma miteinander verbunden sind, haben das größte Glück, denn auf diese Weise kann jeder sein Karma beseitigen. Wenn sich die Praxis vertieft, werden die Freunde zu einem, nicht zwei. Indem man stets Bodhisattvahandlungen für andere ausführt, werden die positiven Sätze eines Freundes zu Gold, das vom Himmel kommt. Je inniger wir mit anderen verbunden sind, desto weniger Raum gibt es auch für banale und leichtfertige Scherze. Man führt dann lieber korrekte Gespräche, die sich mit Fürsorge und gegenseitiger Unterstützung befassen und in die man Vertrauen setzen und auf die man sich verlassen kann.

Wie sich alle mit uns wohlfühlen

8318. 19. März 2015, Lotus Buddhist Monastery

Es ist das Beste, uns in Gedanken nicht mit jenen zu beschäftigen, die nicht gemocht werden und uns auch nicht nur auf die zu konzentrieren, die gemocht werden. Wenn wir unseren Geist auf dem Mittleren Weg halten, dann gibt es keine Schwankungen, wenn wir mit Menschen zu tun haben oder wenn wir von ihnen getrennt sind.

Wenn wir mit Menschen zusammen sind, die gemocht oder nicht gemocht werden, sollten sich unsere Gedanken nur darauf konzentrieren, wie wir allen gleichermaßen nützen können. Wenn wir alleine sind, kommen wir zu uns selbst zurück und erfüllen unsere Pflichten, ohne auch nur ein kleines Detail auszulassen oder zu übersehen. So wird der Weg für angenehme Beziehungen zu allen um uns herum bereitet.

Sind wir mit Menschen zusammen, die wir mögen, ist unser Geist voll Freude und daher ganz leicht. So kann es aber passieren, dass wir uns selbst verlieren und leicht Fehler machen. Infolgedessen gibt es viel zu bedauern. Treffen wir aber mit jemanden zusammen, der uns missfällt, ist unser Geist von vornherein wie eingefroren. Deshalb ist es notwendig, den Geist friedvoll und entspannt zu halten, damit kein negatives Karma erschaffen wird. Dann können alle, die wir nicht mochten, zufriedengestellt werden.

Gleichgültig ob man Menschen mag oder nicht, wenn man im Gleichgewicht bleibt und ausgewogen ist, werden sie sich wohlfühlen. Und wenn sie in der Ruhe sind, wird offensichtlich auch unser Geist entspannt sein. So wird kein Ursache-und Bedingungs-Karma gemacht. Es wird dann auch möglich, bei jedem Umgang herzliche Beziehungen anzuknüpfen. Um Tugend zu erschaffen ist es daher am wichtigsten, ehrlich zu sein und nicht falsch oder heuchlerisch.

Wenn man mit anderen aufrichtig umgeht, fühlen sie sich wohl. Dadurch werden wir vertrauenswürdig und werden von anderen geschätzt. Denke daran, dass Glauben und Vertrauen in menschlichen Beziehungen sehr wichtig sind.

Sucht man aber ständig den eigenen Vorteil und will die seine Bedingungen erfüllen, dann wird es schwierig, das Vertrauen der anderen zu gewinnen. Auch wenn jede Anstrengung unternommen wird, falsche Eigenschaften zu kaschieren, erscheinen sie doch auf unserem Gesicht. Andere durchschauen uns daher, indem sie uns einfach nur ins Gesicht sehen und überprüfen, ob wir aufrichtig sind oder nicht.

Unsere Gesichter sind daher wie Spiegel unseres Geistes. Deshalb sagt Buddha, alle Praktizierenden sollten erkennen, dass „Du und Ich nicht zwei sind". Das zeigt sich auch in unserem Universum. Unser Globus würde nicht existieren, wenn er nicht die Sonne oder den Mond hätte. Und umgekehrt können auch die Sonne und der Mond nicht ohne die Kraft Buddhas existieren.

Umgang mit schwierigen Beziehungen

Kennt man sich selbst, kennt man auch andere

7882. 7. Januar 2014, Lotus Buddhist Monastery

Es gibt ein altes Sprichwort: "Man kann einen Tiger zeichnen, aber es ist schwierig, einen Knochen zu zeichnen." Mit anderen Worten kann man jemanden lange Zeit kennen, aber doch keine Ahnung haben, welchen Geist diese Person hat. Auch wenn Beziehungen schon lange bestehen, kann es daher schwierig sein, den Geist eines Menschen zu ergründen oder zu verstehen. Manchmal kann es zu Überraschungen oder Enttäuschungen kommen, die sogar dazu führen können, dass man zu Feinden wird oder einander schwer verletzt.

Das ist der Grund, warum es gewöhnlich eine gewisse Furcht und ein Zögern gibt, sich mit anderen zu verbinden und mit ihnen eine Beziehung einzugehen. Aber all diese Situationen entstehen infolge eines Mangels an Vertrauen in sich selbst. Aus Unsicherheit weiß man dann nicht, wie man wirklich für sich selbst sorgen und wie man sich selbst lieben kann.

Der Geist eines Menschen ist nicht der Geist Buddhas, er hat daher keine Selbst-Natur. Er ist unbeständig und wandelt sich ständig.

Man sollte deshalb folgendes erkennen: Wenn man, während der Geist sich verändert, dem, was sich ändert, keine Schuld zuweist, dann kann sich eine negative Beziehung in eine positive wandeln.

Anstatt andere zu kritisieren, sollte man sich selbst überprüfen. Durch eine gründliche Selbstuntersuchung entwickelt sich ein größeres Verständnis für andere, weil der Geist weiter und raumhafter wird. Dann werden Unterscheidung, Abgrenzung und der hasserfüllte Geist still und man kommt zur Ruhe. Statt anderen Vorwürfe zu machen, taucht ein Geist des Mitgefühls für die Unwissenheit anderer auf, und man wird die Entscheidung treffen, zuerst die Unwissenheit in einem selbst auszulöschen.

Wenn die Unwissenheit verschwindet, füllt sich dieser Raum mit Weisheit, die gemeinsam mit einem mitfühlenden Geist entsteht. Deshalb verschwinden Wut, Zorn und die Enttäuschung über die unwissenden Handlungen anderer. Der Geist des Mitfühlens und des Verständnisses dehnt sich aus. Man meidet dann andere nicht mehr und hält sich nicht mehr auf Abstand, sondern möchte ihnen nahe sein und entwickelt eine große Verbundenheit mit dem, was sie erleben.

Jemand, der sich selbst kennt und an sich selbst glaubt, kennt auch andere und glaubt an sie.

Sehen, aber nicht sehen

7921. 15. Februar 2014, Lotus Buddhist Monastery

Wenn der Geist übermäßig von einer Situation oder einer Aufgabe gefangen wird, dann fühlt man sich unweigerlich nicht wohl. Versuche aber immer, zuerst die Ursache zu finden, bevor du dir über die Ergebnisse Sorgen machst. Wenn es scheint, dass die Ursache eine andere Person ist, dann versuche, an dieser schwierigen Person nicht anzuhaften. Wenn man mit solchen Umständen zu tun hat, sollte man vielmehr stets danach streben, ruhig zu bleiben, damit der Geist nicht schwankt.

Stören andere aber fortwährend und schwankt der Geist ständig, dann wird die Folge daraus sein, dass man den Gleichmut verliert und Negativität auftaucht. Um das zu verhindern, sollte man wie folgt praktizieren: Du siehst, aber du siehst nicht; du hörst, aber du hörst nicht.

Das bedeutet, über das kleine "Ich" hinauszugehen, sich für den Weg des großen "Ich" zu entscheiden und aufrichtig zu praktizieren. So wird die Person, die uns immer provozierte, zur Ursache standhafter zu praktizieren. Wenn wir dann in der Zukunft Erkenntnisse erlangen, dann werden wir voll und ganz verstehen und zu schätzen wissen, dass es all die negativen Menschen in unserem Leben waren, die uns die Möglichkeit gaben, klar zu sein und die uns zur Praxis führten.

In dieser Welt existieren unwissende fühlende Wesen; das ist der Grund, warum Buddha und alle Buddhas hier erschienen, um uns allen die großen Lehren und den Dharma zu geben. Wir sind gesegnet, die höchst kostbaren Lehren Buddhas zu empfangen und danach leben zu können. Indem wir mehr in diese Richtung gehen, können wir aus der Unwissenheit herauskommen und Weisheit erlangen. Mit anderen Worten: Wir können selbst zu weisen Buddhas und Bodhisattvas werden.

In dieser Welt ist das Leben genau wie die Wellen im Meer. Manchmal sind sie groß und manchmal sind sie klein. Es gibt auch Zeiten, in denen es sehr ruhig und still ist. Dann scheinen das Meer und sogar die Wellen leer zu sein. Aber das Meer ist, so wie es ist, das Meer.

Wenn alle fühlenden Wesen, die in dieser Welt Buddhas (des Absoluten, der Wahrheit) leben, Seinen Lehren folgen und Buddha erkennen, dann werden sie weder von positiven noch negativen Aspekten des Lebens, weder von Situationen noch von Beziehungen eingefangen werden. Vielmehr wird dann Unwissenheit in Weisheit verwandelt.
Aber alle fühlenden Wesen leben in jedem Fall in der Welt Buddhas. Deshalb sind wir, so wie wir sind, Buddhas. Wenn wir aber mit denen, die unwissend, negativ oder schwierig sind wie mit einem Buddha umgehen können, dann kann unser eigenes korrektes Konzept und unsere klare Sicht uns selbst und sogar andere retten.

Nicht eingefangen von Zuneigung oder Abneigung

7924. 18. Februar 2014, Lotus Buddhist Monastery

Ab und zu muss man einer Aufgabe nachkommen, obwohl sie einem nicht gefällt und man sich lieber nicht darum kümmern würde. Und obwohl man keinerlei Verlangen verspürt, eine bestimmte Person zu treffen, muss das Treffen stattfinden und die Anforderungen dieser Situation müssen erfüllt werden, und so tut man es. Wenn man in der Lage ist, so zu handeln, dann bedeutet das, dass sich die Praxis vertieft.

Manches Mal erhält man eine angenehme Aufgabe, oder es stellt sich der Wunsch ein, mit Leuten zusammen zu sein, für die man eine Vorliebe hat. Zu anderen Zeiten gibt es eine richtiggehende Abneigung gegen bestimmte Menschen oder Umstände. All dies wird durch individuelles Karma bestimmt. Weil die eigenen Konzepte vom Karma geformt werden, führt beides - die Vorlieben und die Abneigung - zu Diskriminierung. Das Auslöschen von Karma lässt aber die korrekte Sichtweise auftauchen und verwandelt den Widerwillen gegen und die Vorliebe für andere in Herzlichkeit und Harmonie.

Dann gibt es keine Anhaftung an gut und schlecht; keine Diskriminierung oder Unterscheidung wird gemacht. Dann spielt es keine Rolle, welche Beziehung man zu jemanden hat, den man treffen muss, oder welches Ziel man anzusteuern hat - man tut es ohne zu zögern. Wo immer man sich aufhält, werden gute Beziehungen hergestellt, was allen anderen und einem selbst nützt.

Es ist zum Beispiel schwierig, mit jemanden zusammen zu sein, den man nicht mag. Diese Abneigung kommt nicht nur von Fehlern der anderen Person, sondern liegt auch an einer bestimmten Unwissenheit in einem selbst. Aber Weisheit verhindert, dass man von Zuneigung oder Abneigung eingefangen wird. Vielmehr geht man mit jedem gelassen um. Deshalb schwankt der Geist nicht und wird auch nicht verunreinigt. Man weiß von Moment zu Moment, wie man sich richtig verhält und daher wird man keine unwissenden oder falschen Handlungen ausführen.

Dann ist es dank des Mitgefühls, das man mit anderen hat, möglich, mit jemanden umzugehen, der ständig für Ärger sorgt. Wer Glück, Freude und Wohlbefinden mit sich bringt, wird gemocht. Es ist daher besser, einen Geist der Wertschätzung zu haben, als übermäßig anzuhaften. Gleichzeitig sollte man immer bereit sein, dieser Person zu helfen. Wenn man den Geist des Mögens hat, wird auch die Bereitschaft auftauchen, anderen zu geben; und wenn diese Art von Empathie ausgedrückt wird, sollte man es auch zu schätzen wissen, dass diese Geisteshaltung aufgetaucht ist.

Gleichzeitig sollte man sich bemühen, keinen schwankenden Geist zu haben; der Geist sollte vielmehr in der Stille ruhen. Jenseits von gut und schlecht wird man dann erkennen, dass es am Ort Buddhas (des Absoluten, der Wahrheit) keine Unreinheiten und keine Selbstnatur gibt und dass er voll Liebe und Mitgefühl ist, ohne jede Bedingung. Dann ist es gleichgültig, wo man sich aufhält und wem man begegnet: Der Geist bewegt sich nicht wie die Wellen am Meer. Vielmehr sind Verhalten und Haltung stets ruhig, sodass der helle Mond sich fortwährend darin spiegeln kann und unendliche Weisheit bringt.

Selbstreflexion ist der Schlüssel

7957. 23. März 2014, Lotus Buddhist Monastery

Beziehungen zwischen Menschen sind sehr tief und dauern lange an; das bedeutet, dass sie sich in diesem Leben fortsetzen und auch im nächsten Leben. Deshalb lehrt uns Buddha Sok Ga Mo Ni, Beziehungen zu anderen als sehr kostbar anzusehen. Wenn man erkennt, wie wichtig diese Verbindungen sind und sie zu schätzen weiß, verhindert man das Entstehen negativer Verbindungen.

Negative Verbindungen gehen sehr tief und können intensives Leiden verursachen; das führt dann zu Feindseligkeiten gegen andere. Treten Probleme mit anderen auf, ist es das Beste, diese Negativität loszulassen und sich um einen harmonischen Umgang zu bemühen.

Ist es an der Zeit, eine Verbindung zu beenden, sollte man darauf achten, andere nicht aus der eigenen Negativität heraus zu verletzen oder zu schädigen. Eine solche negative Verbindungs-Beziehung endet spontan, und wenn man durch das Karma wieder miteinander verbunden wird, begegnet man sich wieder. Eine gute Beziehung aus der Vergangenheit wird in den darauf folgenden Begegnungen viel besser und wohltuender. Dagegen kann eine wirklich negative Verbindung, die nach einem erneuten Zusammentreffen wieder aufgenommen wird, manchmal sogar noch mehr Schwierigkeiten und Unannehmlichkeiten bringen. Diese Beziehung muss daher wohlüberlegt und bewusst beendet werden.

Während man es mit einer eher unangenehmen Verbindung zu tun hat, sollte man die eigenen Bedingungen so weit wie möglich vermindern, damit man sich gegenseitig Nutzen und Wohlergehen verschafft. Es liegt nur an einem selbst, ob man Feindseligkeit oder enge herzliche Beziehungen erschafft. In einer angespannten Beziehung ist es daher das Beste, über sich selbst zu reflektieren, anstatt anderen Vorwürfe zu machen. Das ist die einzige Weise, eine korrekte Beziehung zu anderen zu fördern.

Aber manchmal, wenn man in einer Beziehung gefangen ist, die viele Schwierigkeiten bringt, setzt sich diese fort bis das Karma der Vergangenheit weggewaschen ist. Bis das eintritt, muss man sich darauf konzentrieren, die negative und schwere Beziehung der Vergangenheit auszulöschen, damit dieses Karma verschwindet. Alle Gedanken und alles Bemühen müssen in diese Richtung gehen. Gleichzeitig sollte man dann noch aufrichtiger Zuflucht zu Buddha (dem Absolute, der Wahrheit), Dharma und Sangha nehmen und von ganzem Herzen und mit großer Hingabe praktizieren.

Man sollte sich Zeit nehmen und während man das tut, die Unreinheiten, die sich im eigenen Geist befinden, beseitigen. Hat man das getan, kann sich Abneigung wandeln und die Person als viel kostbarer und besser gesehen werden.

Wie uns negative Menschen helfen

8083. 27. Juli 2014, Lotus Buddhist Monastery

Jeder ist gerne mit positiven und optimistischen Menschen zusammen, aber es gibt keinerlei Verlangen, jenen nahe zu sein, die negativ und pessimistisch sind. Solche Situationen sind aber oftmals außerhalb unserer Kontrolle und es ist nicht möglich, sich von denen, die man nicht mag und die negativ sind, zu entfernen, weil es die Umstände verlangen, dass man bei ihnen bleibt. Es scheint, dass derartige Situationen viel häufiger sind als positive mit optimistischen und fröhlichen Menschen.

Das Zusammensein mit negativen und pessimistischen Menschen verursacht viel Unbehagen und Verdruss. Man muss ganz besonders darauf achten, was man sagt und tut, wenn man mit solchen Menschen zu tun hat. Deshalb zieht man es vor, ihnen nur kurz zu begegnen. Wenn aber ein weiteres Zusammentreffen notwendig wird, sind die Nerven angespannt; das ist so, weil wir noch nicht zum Besitzer unseres Geistes geworden, sondern vielmehr sein Sklave sind.

Der Besitzer unseres Geistes zu werden, stellt sicher, dass unser Geist nicht schwankt, unabhängig davon wie lange oder wie oft wir in der Gegenwart und Nähe von pessimistischen Menschen sind. Unser ganzes Bemühen konzentriert sich darauf, in der Stille zu verweilen. Ob Menschen dann negativ oder positiv sind - es gibt keinen Grund vor der Negativität Angst zu haben oder sich davon einfangen zu lassen, weil wir negative Menschen als eine Chance sehen, unsere eigenen negativen Seiten genau zu untersuchen. Wir sollten daran denken, dass nur negative Menschen versuchen werden, unsere Unzulänglichkeiten und Schwachpunkte hervorzuheben. Anstatt also unsere Fehler zu verbergen, sollten wir sie untersuchen, damit wir sie nicht wiederholen.

Durch positive Menschen fühlen sich andere natürlich immer entspannt und wie eine Familie; sie bringen sich selbst und anderen Frieden. Auf ähnliche Weise erschaffen wir all unsere Verbindungen und Beziehungen, so als ob wir unseren eigenen Roman schrieben und unsere eigenen Schöpfungen hervorbrächten.

Haben wir es also mit einer bestimmten Verbindung zu anderen oder mit einer hässlichen Situation zu tun, dann müssen wir sie einfach nur in Ordnung bringen und uns keine Sorgen machen. Wir müssen sie in Ordnung bringen, aber zuerst müssen wir uns selbst und unsere eigene Unwissenheit korrigieren. Eine solche Praxis wird unsere Unwissenheit beseitigen und uns davon befreien, von gut und schlecht eingefangen zu werden oder daran anzuhaften. Negative oder sogar feindselige Menschen werden dann nachgeben, damit ihnen geholfen werden kann zu Bodhisattvas zu werden.

Zur Klarheit hinzuleiten kann daher jede Tragödie und Negativität überwinden und sogar negative Menschen retten und ihnen dabei helfen, positiv zu werden. Das ist so, weil jeder Buddha-Natur hat und alles möglich ist.

Es braucht Ausdauer

8188. 9. November 2014, Lotus Buddhist Monastery

Ursache und Bedingung, was Beziehung bedeutet, sind sehr kostbar. Je mehr eine Beziehung als etwas Kostbares behandelt wird, desto mehr können alle Schwierigkeiten, die im Leben auftauchen, überwunden werden, so mühsam sie auch sein mögen. Diese Verbindung wertzuschätzen hilft auch, gemeinsam viel Tugend aufzubauen. So werden in diesem gegenwärtigen Leben und auch in zukünftigen Leben viel gute Ursache, Bedingungen und Beziehungskarma angesammelt, was sicherstellt, dass man sich wieder trifft.

War aber das Karma von Ursache und Bedingung aus früheren Leben das falsche mit einer sehr negativen Verbindung, dann kann man jetzt sehr herausfordernde und schwierige Zeiten miteinander erleben. Manchmal kann das schlussendlich auch dazu führen, dass man einander zugrunde richtet.

Selbst wenn du es mit einer negativen Verbindung zu tun hast, versuche deshalb immer deine Bedingungen zu beseitigen und den Geist zu leeren, um unnötiges Leiden zu vermeiden. Ganz besonders ist ein aufrichtiger und mitfühlender Geist notwendig, um mit einer negativen Verbindung zurechtzukommen. Das zu tun ist nicht einfach, aber es verhindert, dass man gemeinsam weiteres negatives Karma aufbaut. Eine solche Verbindung verursacht für beide Seiten Leiden, Verärgerung und Verwirrung, unabhängig davon, welche Seite den Schmerz und die Verletzung verursacht. Die negativen Folgen kehren zu jener Person zurück, die das Leiden zufügt.

Darum lässt man, wenn Weisheit überwiegt, negativen Beziehungen Raum und Zeit. Auf diese Weise wird kein weiteres negatives Karma von Ursache und Verbindung erschaffen. Aber jemand, der aufgrund einer Ursache-und-Bedingungsbeziehung in jeder Situation geschätzt wird, wird immer große Liebe und einen mitfühlenden Geist auf sich ziehen.

Selbst wenn es die Umstände verlangen, dass man mit jemanden zusammen sein muss, der einen ständig belästigt und ärgert, wird man dann von dem Schmerz und der Qual, die diese Person verursacht, im Herzen unberührt bleiben. Vielmehr wird sich das negative Karma von Ursache und Bedingung in eine gute und positive Beziehung verwandeln.

In einem menschlichen Leben ist es sehr wichtig, Ausdauer zu haben, um negative Verbindungen zu anderen beseitigen zu können. Aber vor allem muss Karma ausgelöscht werden. Es ist daher notwendig, aufrichtig zu praktizieren, indem man Niederwerfungen macht, durch die man bereut. Zusammen mit Reue werden die Meditation und das Wiederholen des Mantras all die Unreinheiten vertreiben, die im Geist verwurzelt sind.

Die Lehre Buddhas erhellt den Geist mit Weisheit und sie hilft uns, aus der Unwissenheit und Dunkelheit herauszukommen. Dadurch werden alle negativen und schwierigen Verbindungen, sogar die zwischen Feinden, abnehmen und verschwinden. Man sollte nicht vergessen, dass insbesondere Menschen nicht alleine leben können; sie brauchen einander, um zusammen als Menschen zu leben. Es gibt keine andere Möglichkeit - wir müssen das tun, denn sonst können wir in dieser Welt nicht existieren. Wir sind in der Lage, auf diesem Globus zu leben, aufgrund von Buddhas Energie, durch die Verbindung zur Energie der Natur, durch Erde, Wasser, Feuer und Wind und durch die Verbindung zu unseren Eltern und all den anderen.

Jeder einzelne ist daher kostbar, welcher Art die Verbindung zu ihm auch sein mag, ob positiv oder negativ. Sehnt man sich nach einer guten, glücklichen Verbindung zu anderen, dann ist es offensichtlich das Beste, sich in Bodhisattvahandlungen zu engagieren, um eine solch gute Verbindung zu finden. Dann wird durch diese Bodhisattvahandlungen großer Verdienst erschaffen werden.

Nicht an den Fehlern anderer anhaften

8357. 27. April 2015, Lotus Buddhist Monastery

Wenn man andere verletzt, ihnen Schaden zufügt oder ihnen Ärger bereitet, wird das immer zum eigenen Karma werden. Man fühlt sich dann unwohl und alle Handlungen, die man anderen zugefügt hat, werden zu einem selbst zurückkehren und Leid und Schuld verursachen. Selbst wenn man versucht, eine Ausrede zu finden und vorgibt, dass es nicht der eigene Fehler war, wird die Vergeltung unweigerlich zu einem kommen. Es daher zwecklos, eine Ausrede zu finden oder zu versuchen den Fehler zu verbergen. Vielmehr sollten alle Fehler zugegeben und um Vergebung gebeten werden, damit man andere nicht länger belästigt. Auf diese Weise kümmert man sich wirklich um sich selbst.

Stolz, der jeden Fehler leugnet und alle möglichen Ausreden vorbringt, häuft in Wirklichkeit negatives Karma an. Andere zu belästigen, sie zu verletzen, ihnen zu schaden oder sie zu ärgern, vermehrt daher nur das Gewicht und die Last des Karmas; dadurch wird Klarheit verdeckt und mehr Unwissenheit erschaffen.

Daher ist es wichtig, sich nicht in solchen Handlungen zu ergehen. Stattdessen sollten wir uns selbst richtig handhaben und leiten, so wie es die Lehre Buddhas lehrt. Wer aber tief im "Ich-mein-mich" verhaftet ist, glaubt nicht, dass er Fehler gemacht hat und will sie auch nicht eingestehen. So jemand gibt vielmehr anderen die Schuld und glaubt, dass seine Anschuldigungen gerechtfertigt sind. Es ist so, als ob er schlechte Augen hätte und meinte eine Blume vom Himmel herabkommen zu sehen.

Wenn wir mit solchen Menschen zu tun haben, müssen wir aufpassen, kein unnötiges Karma der Unwissenheit zu erschaffen.
In solchen Situationen ist es wichtig zu praktizieren, um aus der Dunkelheit herauszukommen und zu versuchen, in unserem Geist nicht an den Fehlern anderer festzuhalten. Vielmehr sollte alles, was auftaucht - sei es gut oder schlecht - leer gemacht werden. Es ist auch wichtig, sich zu bemühen, nicht von der Unwissenheit anderer befleckt zu werden.

Wird der Geist vollkommen weit wie der Raum, dann bedeutet das, dass wir uns in Richtung der Wahrheit bewegen. Dann können Menschen in unserer Umgebung uns keinerlei Verwirrung oder Stress bereiten, so negativ sie auch sein mögen. Vielmehr werden sie ihre Fehler erkennen und zugeben. Das ist wie ein Spiegel, der zwei verschiedene Bilder sieht, es werden zwei verschiedene Dinge erkannt, und daher wird dieser Spiegel immer rein und klar.

Beziehungen sind wie eine Gitarre

8484. 1. September 2015, Lotus Buddhist Monastery

Denke heute an Verbindungen, die du in der Vergangenheit hattest oder an jemanden, mit dem du eine Verbindungs-Beziehung hattest, bis ihr euch trennen musstet. Zu einer bestimmten Zeit schien diese Person die allerpassendste; aber wegen einer bestimmten Situation oder einer Unvereinbarkeit mit den eigenen feststehenden Bedingungen mussten sich die Wege trennen und die Beziehung beendet werden. Oder es könnte sein, dass jemand als Feind gesehen wurde, was dann irrigerweise eine Trennung notwendig machte.

Es ist daher klar, dass die meisten Verbindungen der Vergangenheit gewöhnlich auf Grund von persönlichen Bedingungen beendet werden mussten oder weil die Bedingungen des anderen nicht erfüllt wurden. Es kann auch sein, dass man den anderen nicht völlig verstanden hat oder dass Gier und Erwartungen unerfüllt blieben. Wenn Wünschen nicht entsprochen wird, setzen auch spontan Abneigung und Geringschätzung ein. Oder es könnte sein, dass die Trennung wegen der Unwissenheit eines anderen unvermeidbar war.

Wenn man über solche Situationen nachdenkt, wird es offensichtlich, dass es meistens ungenügende Klarheit und einen Mangel an Respekt für andere gab oder man sie nicht als wertvoll begriff. Ein solcher Geist ist äußerst eng. Und wenn man selbst klar ist und die Trennung wegen der negativen Absichten anderer geschah, dann sollte man heute über diesen Zusammenhang noch einmal nachdenken. Es ist daher weise, jene vergangenen Ereignisse zu bereuen, die sich durch einen Mangel an Klarheit ergaben.

Menschliche Beziehungen sind nicht einfach. Sie sind wie eine Gitarre. Wenn die Spannung der Saiten zu locker ist, wird kein Klang erzeugt; und wenn die Spannung zu stark ist, wird die Gitarre wahrscheinlich zerbrechen. Deshalb muss man mit Beziehungen immer vorsichtig umgehen. Aber wenn es keine negativen Unreinheiten im Geist gibt, können sogar negative Verbindungen aus der Vergangenheit heute wieder zusammenkommen und morgen eine Wiedervereinigung erleben; so können sie wieder zum Leben erweckt werden und eine bessere Beziehung aufgebaut werden.

Das ist möglich, weil jeder Buddha-Natur hat - egal, was passiert und selbst dann, wenn es Negativität gibt oder eine Abwesenheit von Klarheit. Solange man daher rein, unschuldig und wahrhaftig ist, ist es möglich, zu jedem vorzudringen und sich mit jedem zu verbinden.

Vergiss aber nicht, dass es nur das eigene "Ich-mein-mich", Stolz und Eitelkeit sind, die nicht hilfreich sind, sondern in jeder Situation große Hindernisse darstellen.

Gesundheit

Ein gesunder Magen ist sehr wichtig

5341. 23. Januar 2007, Lotus Buddhist Monastery

Wenn mich jemand fragen würde, was der wichtigste Körperteil ist, würde ich sagen, der Magen. Denn der Magen ist das Zentrum des Körpers. Wenn der Magen gesund ist, geht es allen Organen gut.

Deshalb essen wir hier im Kloster immer korrekte Nahrung. Und wenn wir essen, entspannen wir uns, nehmen uns Zeit dafür und kauen alles sehr gut.

Der Magen kann sich manchmal anfühlen wie unser Kopf oder wie unser Gehirn. Wenn sich unser Geist nicht wohlfühlt, besonders wenn man viel Stress hat, dann hat das nicht nur Auswirkungen auf unseren Kopf, sondern auch auf den Magen - der Magen wird dann schwach.

Menschen, die viele Probleme aufgrund der Nahrung haben, die sie zu sich nehmen, kann es wegen des Stress´, den sie mit all ihren Problemen haben, noch schlechter gehen und sie können noch viel schwächer werden.

Selbst wenn du früher einen starken Magen hattest, kann die Magenwand beschädigt werden, wenn du oft die falsche Nahrung zu dir nimmst. Wenn du dich dann nicht gleich darum kümmerst, kann der Schaden durch das falsche Essen zu körperlichen Leiden führen.

Insbesondere wenn du an etwas wie Gastritis oder einer Magenverstimmung leidest, solltest du das nicht vernachlässigen und es sofort behandeln lassen.

Selbst mein Magen ist wegen schlechter Nahrung, die ich gegessen habe, nicht sehr stark. Durch meinen schwachen Magen komme ich daher oftmals in unangenehme Situationen.

Gerade weil ich selbst solche schlechten Erfahrungen mit Lebensmitteln gemacht habe, möchte ich euch immer gutes und gesundes Essen anbieten. Deshalb koche ich mindestens zweimal in der Woche für euch.

Es gibt ein Sprichwort: "Jemand, der selbst eine Krankheit durchgemacht hat, kann der beste Arzt sein."

Auf ähnliche Weise war es für Buddha Sok Ga Mo Ni nicht notwendig Sein asketisches Training durchzumachen, aber Er wollte mehr menschliches Leid erfahren und spüren, um den Menschen helfen zu können, aus ihrem Leiden herauszukommen. Deshalb unterzog Er sich dem asketischen Training; was er mit der Lehre Buddhas erlangte, gab er an uns durch seine Lehren weiter.

Lasst uns eine aufrichtige Zeremonie haben mit unseren tiefsten Respekt und unseren Glückwünschen für Buddha Sok Ga Mo Nis Erleuchtungstag. Buddha Sok Ga Mo Ni stellte sich immer den Schwierigkeiten und akzeptierte sie, um uns zu helfen.

Bewegung verhindert Krankheit

5368. 19. Februar 2007, Lotus Buddhist Monastery

Wenn Messing oder andere Metallobjekte nicht regelmäßig verwendet werden, werden sie trübe oder rostig und sie verlieren ihre strahlende Schönheit.
Mit dem menschlichen Körper ist es ähnlich: Wir müssen ihn immer bewegen, damit wir Krankheiten in unserem Körper verhindern und unsere Gesundheit erhalten können.

Insbesondere wenn wir älter werden, ist es wichtig sich zu bewegen, denn mit dem Alter werden unsere Muskeln viel steifer; deshalb haben ältere Menschen hier und da mehr Schmerzen.

Insbesonders jene Menschen, deren Arbeit eher geistig als körperlich ist, sollten nicht vergessen, mindestens einmal täglich eine körperliche Übung zu machen wie etwa zu gehen.

So wie sich unser Globus immer bewegt, sich immer dreht, so sollten wir unseren Körper bewegen. Wir sind mit der Natur verbunden und wenn wir uns bewegen, können wir länger leben. Gleichzeitig können wir mit unseren Bewegungen und Handlungen unsere korrekte Funktion und unsere Aufgaben als Menschen erfüllen.

Die Morgenenergie ist die wichtigste Energie des Tages. Steh daher bitte früh morgens auf, um die Energie des neuen Tages zu empfangen. (Die Morgenenergie beginnt um 4:00 Uhr, aber du musst nicht so früh aufstehen, auch 5:00 Uhr ist eine gute Zeit.) Immer wenn du aufstehst, habe Wertschätzung für Buddha (das bedeutet: das Absolute, die Wahrheit), Dharma, Sangha und mache deine Niederwerfungen und die Ki Song Übungen; dadurch wird dein Körper leichter und du kannst deine Aufgaben für diesen Tag korrekt erfüllen.

Buddha, die Natur und unsere Eltern haben uns diese kostbare Form gegeben. Wir können ihnen für dieses kostbare Geschenk etwas zurückzahlen, indem wir es gesund und stark halten. Wenn du also die Möglichkeit hast, dann versuche zumindest einmal täglich zu Fuß zu gehen, anstatt immer nur das Auto zu verwenden und während du gehst, wiederhole das Mantra im Geiste und lass deine Lippen sich mit dem Mantra bewegen.

Das Mantra zu sagen, wird dir helfen, dein negatives Karma auszulöschen und dein Geist wird sich wohlfühlen. Vergiss nicht: Je mehr wir unseren Mund beim Sprechen korrekt benützen, desto mehr Glück wird zu uns kommen.

Wenn du dich beim Aufstehen an etwas Schlechtes erinnerst, dass dir gestern passiert ist, dann denke nicht darüber nach. Wenn diese schlechte Erfahrung in deinem Gehirn auftaucht, dann sage dir selbst, dass dieser Gedanke ein Hindernis für die heutigen Aufgaben ist; leg ihn nieder und ändere deinen Geist in eine positive Richtung. Lass dich niemals von unangenehmen Erlebnissen einfangen, die gestern passiert sind.

Älter werden: Der Geist erschafft den Körper

5437. 29. April 2007, Lotus Buddhist Monastery

Wenn du ein Auto lange Zeit verwendest, wird es unweigerlich irgendwann streiken und du musst es reparieren. Aber selbst wenn du dieses Auto viele Jahre lang verwendet hast, wird es, sobald es gut repariert ist, oft viel stärker sein als ein neues Auto.

Ebenso können viele körperliche Probleme auftauchen, wenn der menschliche Körper altert. Manchmal scheint es so, als ob der Körper nicht mehr auf dich hört. Wenn das passiert, dann sei nicht deprimiert oder traurig, weil sich Beschwerden und Wehwehchen zeigen oder weil dein Körper nicht mehr das tut, was du von ihm willst.

Anstatt traurig zu sein, habe stets die Geisteshaltung, dass du bei viel besserer Gesundheit sein wirst als in deiner Jugend. Wenn du diese Einstellung hast, wird dein Körper viel stärker und gesünder werden, als er vorher war. Wenn man älter wird ist es natürlich wichtig, vorsichtiger mit dem eigenen Körper umzugehen und regelmäßige Gesundheitsuntersuchungen durchführen zu lassen, gute und korrekte Nahrung zu sich zu nehmen und regelmäßig Übungen zu machen - genauso wie das Leben des Autos durch regelmäßige Wartung, Ölwechsel alle 3000 Meilen und gutes Benzin verlängert wird.

Vergiss außerdem nicht, dass du beim Älterwerden viel mehr Lebenserfahrung und Wissen sammelst - alle diese wertvollen Ressourcen hast du, um sie zu verwenden. Wenn du meinst, dass du all diese Dinge nicht anwenden kannst, wirst du vielleicht deprimiert werden - aber das ist kein weises Denken.

Wenn der menschliche Körper altert, taucht eine bestimmte Reserve-Kraft auf; im Orient wird sie "die Vorratsenergie alter Menschen" genannt. Man muss diese Reserve-Kraft verwenden, wenn man altert; um sie anzuwenden, muss man den eigenen Geist richtig lenken und man muss den eigenen Körper korrekt verwenden.

Wenn man einen friedvollen und klaren Geist hat, kann man viel gesünder sein als jüngere Menschen und die Bewegungen des Körpers können viel leichter und flexibler sein. So kann zum Beispiel bei Kampfsportübungen ein 20jähriger Mann nicht mit den Bewegungen eines 80jährigen mithalten. Die Bewegungen einer Person, die ihren Körper und Geist trainiert und poliert sind viel schneller als die Bewegungen von jemanden, der nicht praktiziert oder sich nicht poliert.

Heutzutage sehe ich viele Menschen, die körperlich eine schwierige Zeit beim Älterwerden haben.

Aber vergiss nicht: Dein Geist ist ein sehr wichtiger Faktor für den Zustand deiner körperlichen Gesundheit. Der Geist macht den

Körper; der Körper macht nicht den Geist. Lass dich also nicht von deinem Körper einfangen und habe immer große Hoffnung und große Achtsamkeit. Dann wirst du in der Lage sein, ein längeres und bedeutungsvolleres Leben für andere zu haben.

Die meisten Krankheiten kommen von unseren Blockaden

6433. 19. Januar 2010, Lotus Buddhist Monastery

Nachdem eine wichtige Situation oder ein wichtiges Ereignis vorbei ist, neigt man dazu, sich entspannen zu wollen. In Wirklichkeit macht einen diese Art von Gedanken aber nur faul.
Natürlich sollte man seinen Körper ruhen lassen, wenn man körperliche Probleme hat. Wenn man aber gesund ist, ist es weiser, sich zu entspannen indem man arbeitet. Das wird einem helfen, gesund zu bleiben. Was sich tatsächlich am meisten entspannen sollte ist die eigene Unwissenheit - denn wenn sich die eigene Unwissenheit entspannt, taucht Weisheit auf. Ohne zu rasten nützt diese Weisheit fortwährend anderen. Je weiser man also ist, desto entspannter wird der eigene Geist. Der Körper kann sich dann fortwährend bewegen, ohne sich müde zu fühlen; und je mehr er sich bewegt, desto mehr Tugend erschafft man.

Es spielt keine Rolle, ob das Ereignis groß oder klein ist: Nimmt man - was immer zu einem kommt - als die eigene Aufgabe und Chance an und hat man Wertschätzung für diese Möglichkeit, dann wird man mit dieser Geisteshaltung niemals müde sein. Und man wird die Fähigkeit haben, jede Art von Arbeit auszuführen. Man wird eine angenehme Situation haben, muss nicht nervös sein oder Blockaden haben.

Diese Art zu denken und zu handeln bringt einem die richtige

Geisteshaltung und deshalb wird man in der Lage sein zu lernen, was man zuvor nicht wusste. Man wird auch die Fähigkeit haben kreativer zu sein.

Die meisten Krankheiten der Menschen entstehen aus den eigenen Hindernissen und Blockaden. Ursprünglich ist unser Körper normalerweise gesund; aber wegen dieser Hindernisse und Blockaden werden wir krank und haben Probleme mit unserem Körper. Diese Hindernisse kommen vom Denken an Schwierigkeiten, vom Denken nur ruhen zu wollen, vom Denken faul sein zu wollen und vom Denken nicht arbeiten zu wollen und trotzdem viele Dinge zu bekommen.

Alle diese Arten von unwissenden Denken lassen nur Hindernisse und Blockaden für den Körper entstehen und gleichzeitig werden sie zu Hindernissen und Blockaden für den eigenen Geist.

Mit dieser Form hier zu leben ist das größte Glück

7074. 22. Oktober 2011, Lotus Buddhist Monastery

Egal wie viel du zu tun hast, bitte kümmere dich heute auch um deine Gesundheit. Lasse keine Mahlzeit aus, nur weil du viel zu tun hast. Man sollte mindestens drei Mahlzeiten täglich zu sich nehmen. Wir können unsere Arbeit nicht tun, wenn unser Körper nicht gesund ist; und das würde dann auch die anderen beeinträchtigen und belasten. Sorge also bitte für dich selbst.

Bis man selbst krank wird, meint man, dass Krankheit eine Angelegenheit für andere ist. Es gibt daher großes Bedauern, wenn man tatsächlich krank wird. Außerdem braucht es Erleuchtung, wenn man diese Form hat, denn dann kann man das Karma aus früheren Leben eliminieren und zurückzuzahlen, was man anderen aus früheren Leben schuldet. Um seine Dankbarkeit zurückzahlen zu können, braucht man eine Form.

In diesem Monat kann man sich leicht verkühlen, deshalb sollte man besser auf seine Gesundheit aufpassen. Versuche daher immer die richtige Nahrung zu finden und zu essen und vermeide fette und ölige Gerichte. Wir müssen erkennen, dass es in dieser Existenz das größte Glück ist am Leben zu sein, gesund zu sein und den Dharma zu treffen.

Natürlich sind alle zusammengesetzten Dinge unbeständig. Aber während wir existieren, sollten wir viele gute Dinge für andere tun und niemanden verletzen oder belästigen. Indem wir unsere Pflichten immer von ganzem Herzen erfüllen, können wir erkennen, dass das Paradies genau hier ist.

Ins Paradies zu kommen, nachdem man gestorben ist, ist jedoch nicht einfach. Selbst wenn man viel Tugend und Güte hat, wodurch man ins Paradies kommen kann, macht das Paradies nach dem Tod keinen Spaß. Das ist deshalb so, weil es in der anderen Welt schwierig ist, Karma auszulöschen, das im vorangegangenen Leben angehäuft wurde; man kann dann nur vom angesparten guten Karma zehren. Weil nach dem Tod keine Tugend erschaffen werden kann, muss das Angesparte aufgebraucht werden - deshalb macht es keinen Spaß.

Lebt also alle ein langes Leben.

Leiden des Geistes kommen aus Unklarheit

7076. 24. Oktober 2011, Lotus Buddhist Monastery

Wenn der Körper nicht gesund und der Geist mit vielerlei Qualen und Sorgen beladen ist, dann sollte man umso mehr praktizieren, um herauszufinden, was die Ursache der schlechten Gesundheit ist und was den Geist beunruhigt.

Oft ist die Ursache für körperliches Leiden, dass man mit vielen Dingen beschäftigt ist, und es viele Dinge zu erledigen gibt; dann sorgt man nicht ordentlich für sich selbst. Der Geist ist zu sehr nach außen gerichtet und jagt dem Verlangen und der Gier nach.

Leiden des Geistes sind in Wirklichkeit auf die eigene unklare Sicht zurückzuführen. Man denkt dann sogar, dass das Richtige falsch ist und gleichzeitig glaubt man immer Recht zu haben. Wann immer einem etwas nicht passt, erzeugt man in sich eine dunkle Wolke; das verdunkelt tatsächlich die Klarheit des Geistes.

Man sollte daher die eigene Situation, egal wie sie gegenwärtig ist, und jeden, zu dem man eine Verbindungs-Beziehung hat, wertschätzen. Ist man bei anderen nicht willkommen, wo immer man sich aufhält, sondern der Empfänger von Beschwerden, dann sollte man tief und ernsthaft bereuen, dass man noch nicht klar ist. Auch sollte man in einer solchen Situation mehr für andere arbeiten und sich mit aller Kraft bemühen, zu einer Person zu werden, die gebraucht wird.

Alle Ursachen des Leidens kommen vom Bild eines „Ich“. Wenn dieses Bild verschwindet, wird daher auch das Leiden verschwinden; aber solange Körper und Geist hier existieren, wird es sehr schwierig sein, dieses Bild des „Ich“ zu beseitigen. Deshalb ist es für alle Praktizierenden sehr wichtig, das „wahre Ich“, das „große

Ich“, das hinter dem Bild vom „Ich“ ist, zu finden. Dann werden auftretende Schmerzen und Leiden jeglicher Art leicht wieder verschwinden.

Trägheit kann zu Krankheit führen

7316. 20. Juni 2012, Lotus Buddhist Monastery

Sieht man andere Fortschritte machen und vorankommen, während die eigenen Angelegenheiten sich nicht so gut wie gewünscht entwickeln, dann beschwert man sich oft darüber, dass das Leben sehr schwierig sei. Eine solche Art zu denken ist nicht weise.

Wenn andere vorankommen und ihr Leben floriert, dann bedeutet das, dass sie nicht faul sind und sich stets bemühen Hindernisse zu überwinden, so schwierig sie auch sein mögen. Im Angesicht von Herausforderungen erfolgreich zu sein, ist ein sicheres Zeichen harter, engagierter Arbeit, die immer zu großen Errungenschaften führt.

Aber jemand, der nicht weise ist, bleibt in seinem Zimmer und schläft; oder er tut an seinem Computer nichts weiter als unnötige Informationen auszugraben; er verschwendet so aus Trägheit seine Zeit, weil er einer nicht korrekten Richtung folgt. Da er nicht fähig ist, selbständig durchs Leben zu gehen, hängt sein Überleben von der Hilfe und der Unterstützung ab, die er von anderen erfährt. Dadurch wird fortlaufend Schulden-Karma erzeugt, was zu viel negativem Karma für ihn selbst führt.
Solange der Körper gesund und man nicht krank und im Krankenhaus ist, sollte der Körper zu fleißiger Arbeit und zur Unterstützung anderer verwendet werden. So kann man den Körper gesund erhalten.

Wer aber faul ist, wird durch die kleinste und trivialste Ursache krank und denkt dann, dass er eine ernste und schwere Erkrankung hat. So werden oft Krankheiten erschaffen, die man zuvor nie hatte. Ein Krankheitsgefühl stellt sich auch ein, weil Unwissenheit die eigene Klarheit verhüllt, was wiederum weitere Unwissenheit hervorbringt.

Wenn man klar und strahlend geworden ist, schläft man, wenn man schläft; arbeitet, wenn man arbeitet; entspannt sich, wenn man sich entspannt; isst, wenn man isst; und wenn man redet, redet man. Eine solche Person lebt jeden Moment des Lebens mit großer Sorgfalt. Deshalb gibt es keinen Raum für Faulheit. Obwohl sie härter arbeitet als andere, hat sie niemals das Gefühl, durch ständige mühsame Anstrengung belastet zu sein oder sich unter Druck zu befinden oder mehr zu tun als andere. Sie fühlt sich auch niemals müde, ausgelaugt oder erschöpft.

Eine solche Person kennt den wahren Geschmack des Lebens. Deshalb fließt ihr Geist über vor Wertschätzung, Glück und Zufriedenheit; und weil sie niemals Zeit verschwendet, lebt sie ein höchst bedeutungsvolles, interessantes und glückliches Leben.

Ein korrekter Geist als Schlüssel zur Gesundheit

7789. 6. Oktober 2013, Lotus Buddhist Monastery

Unwohlsein und kleinere Schmerzen im Körper müssen nicht als Krankheit oder Verletzung gesehen werden, sondern vielmehr als ein Teil des Lebens; die Tatsache, dass wir am Leben sind und in dieser Welt existieren, sollte daher hoch geschätzt werden.

Kleinere Schmerzen hier und da, in verschiedenen Körperteilen zu erdulden, das ist keine individuelle Erfahrung, sondern etwas, dem wir alle unterworfen sind. Auch andere fühlenden Wesen haben genauso wie Menschen hin und wieder ihren Anteil an Schmerzen und Unwohlsein. Solche Leiden gibt es, so lange es Leben gibt. Die volle Erkenntnis dieser Tatsache wird einem dabei helfen, die Anhaftung an ein Leiden zu beseitigen. Eine ernsthafte Erkrankung erfordert natürlich Aufmerksamkeit, aber im Allgemeinen ist es das Beste, sich nicht zu sehr mit einem Gebrechen zu beschäftigen. Eine solche unangebrachte und unangemessene Beschäftigung kann dazu führen, dass eine Krankheit ausbricht, die vorher gar nicht da war.

Ständiges Nachdenken über den Körper lenkt den Fokus und die Konzentration davon ab, die einem anvertrauten Aufgaben korrekt auszuführen; man sucht stattdessen nach Unterstützung. Das belästigt andere natürlich, aber trotzdem wird die Erwartung, Hilfe zu erhalten, immer drängender. Manchmal, wenn andere dem keine Aufmerksamkeit schenken und keine Unterstützung anbieten, werden sie nicht gemocht, ja sogar als Feinde angesehen. Es kommt dann leicht dazu, dass ihnen gegenüber Feindseligkeit und Negativität hervorbrechen, wodurch nichts als negatives Karma erschaffen wird.

Die einem übertragenen Aufgaben aufrichtig auszuführen und andere glücklich zu machen, das sind die korrekte Funktion und Pflicht eines Menschen. Diese klare Absicht und die daraus resultierenden Handlungen können manchmal sogar körperliches Leiden und Unwohlsein beseitigen. Mit einer solchen guten Geisteshaltung sind Körper und Geist voll Hoffnung und Freude, was der Schlüssel für gute Gesundheit ist. Denn das stärkt das Immunsystem und hilft, eine starke Gesundheit und Vitalität wiederherzustellen.
Ein Arzt erkennt eine Krankheit und zeigt einen Weg zur Heilung auf, indem er das entsprechende Mittel verschreibt. Aber die Person, die die Krankheit wirklich heilt ist nicht der Arzt, sondern man selbst.

An Buddha (das Absolute, die Wahrheit) zu glauben, alle Unreinheiten aus dem eigenen Geist zu entfernen, einen Geist der Wertschätzung für alle anderen zu haben und für andere zu arbeiten - das ist die korrekte Lebensweise. Echtes Engagement für andere wird das größte Glück bringen. Und wenn diese Freude einmal gefunden wurde, wird Energie spontan aus dem Körper hervorströmen.

Deshalb ist es besser, immer beschäftigt zu sein und ein glückliches Leben zu führen bis wir diese Welt verlassen - genauso wie eine geschäftige Biene -, denn dann werden wir diese Welt sehr zufrieden verlassen.

Wie Kinder gut und gesund aufwachsen

7835. 21. November 2013, Lotus Buddhist Monastery

Wird man beim Verfolgen eines Zieles, das man unbedingt erreichen möchte, von unwiderstehlicher Gier und Begierde getrieben, dann sollte man zuallererst auf seine Gesundheit achten. Man sollte es zutiefst zu schätzen wissen, dass die gegenwärtige Form keine schweren gesundheitlichen Probleme hat, und dies auch zum Ausdruck bringen. Getrieben von der Überzeugung, dass nur überlebt, wer am stärksten ist, begehren in der heutigen Gesellschaft viele das Eigentum anderer. Solche Gier und Begierde und die starken Anhaftungen, die damit verbunden sind, wirken sich auf die Gesundheit aus. Der körperliche Zustand eines Menschen wird davon bestimmt, wie er seinen Geist handhabt und benützt - es ist dies ein sehr starker Einflussfaktor.

Besonders wenn man es mit großen Hindernissen und Hürden zu tun hat, die viel Enttäuschung und Stress mit sich bringen, ist es der Körper, der als erstes davon beeinträchtigt wird und deshalb krank wird. Handlungen sind die Folge von Bewegungen des Geistes. Die

Form ist in Wirklichkeit so etwas wie der Sekretär des Geistes. Deshalb kann ein negativer Geist, überladen mit Begierde und Gier, die Gesundheit tatsächlich auf eine sehr abträgliche Weise beeinflussen. Sogar bei der Erziehung der Kinder zu Hause wird oft sehr viel Druck auf sie ausgeübt, außerordentlich gut zu lernen, anstatt das man große Fürsorge und Sorgfalt darauf verwendet, dass sie gut aufwachsen können. Zuallererst ist es wichtig dafür zu sorgen, dass sie sich geistig wohlfühlen, indem man ihnen ein Ziel setzt oder ein Programm gibt, das ihnen dabei hilft, mehr zu erreichen. Auch sollte man, während man seine Kinder beschützt, mit gutem Beispiel vorangehen.

Während sich die Kinder auf ihre Aktivitäten konzentrieren, sollten die Eltern es zu schätzen wissen und sich darüber freuen, dass ihr Nachwuchs keine ernsthaften gesundheitlichen Probleme hat. Anstatt sich zu wünschen, dass sie besser sind als andere Kinder, sollte man sie lehren, ihre Aufgaben korrekt und aufrichtig zu erfüllen; denn so können sie zu ihren eigenen Fähigkeiten und Talenten finden und sind dann in der Lage, sich zu konzentrieren und Fortschritte zu erzielen.

Tatsächlich ist es die Aufgabe der Eltern, ihre Kinder zu unterstützen und zu beschützen, und die besten Mentoren für sie zu sein. Kinder aber mit ständigem Nörgeln zu erdrücken, wird unweigerlich zu einer unruhigen und angespannten Eltern-Kind-Beziehung führen.

Eltern, denen ihre Kinder wirklich am Herzen liegen, sollten gute, gesunde und köstliche Gerichte für ihre Kinder kochen; besonders dann, wenn sie nicht möchten, dass die Kinder allzu viel Zeit außer Haus verbringen. Es ist immer eine gute Idee, die Kinder zu einem schmackhaften Essen einzuladen und sie so zu motivieren, mehr Zeit mit ihren Eltern zu verbringen. Eine solche Bindung wird die

Familie wirklich harmonisieren, sodass alle einander beschützen. Jeder hat Buddha-Natur, so auch Kinder. Man sollte daher mit ihnen umgehen, als ob sie Buddha und Bodhisattvas wären. Denke daran: Die Kinder kommen zeitlich nach den Eltern. Aber indem sie ihren Eltern nachfolgen, lernen sie mehr über modernes Wissen und zeitgenössische Entwicklungen und haben darin eine größere Erfahrung.

Gesunde Nahrung und ein Kochrezept

7859. 15. Dezember 2013, Lotus Buddhist Monastery

Um gesund zu sein, müssen wir immer die korrekte Nahrung zu uns nehmen. Versuche daher das auszuwählen, was gesund für den Körper ist und nicht einfach nur die Geschmacksknospen zu befriedigen. Nahrung, die sowohl nahrhaft als auch wohlschmeckend ist, ist natürlich ideal.

Wenn man auswärts isst oder auf einem Fest, kommt es heutzutage oftmals vor, dass das Essen dem Körper nicht bekommt und Probleme verursacht, die Krankheiten auslösen und sogar die Gesundheit zerstören. Wenn man gelegentlich auswärts essen muss, sollte man bitte fette und übermäßig schwere Gerichte meiden; eine solche Vorsicht wird die Gesundheit schützen und fördern.

Offensichtlich ist eine richtige Ernährung extrem wichtig, denn falsche Nahrung kann unnötige Krankheiten mit sich bringen und die Gesundheit sogar richtiggehend schädigen. In unserem Leben in der Saha-Welt ist es besonders schwierig, eine menschliche Form zu erhalten. Es ist daher während unserer Existenz hier entscheidend, dass wir für unsere Gesundheit sorgen. Sich um den eigenen Körper zu kümmern ist auch eine große Bodhisattva-Handlung - für einen selbst und für andere -, denn ein gesunder Mensch fällt anderen nicht zur Last. Gleichzeitig kann man die eigenen Aufgaben voll und ganz erfüllen, was so viel ist, wie bereits Bodhisattva-Handlungen auszuführen.

Leidet man an schlechter Gesundheit, bedeutet das, dass man ständig die Unterstützung anderer benötigt; und das bedeutet, dass man bei anderen Schulden macht. Hat man einen schlechten körperlichen Zustand, braucht es daher einen positiven Geist. Man sollte anderen auch keinerlei Schuld an der Krankheit geben oder sie deshalb nicht mögen. Außerdem sollte man den Gedanken vermeiden, dass man ungenügend Hilfe erhalten hat. Viel weiser ist es dagegen, alle Verbindungen im Leben immer wertzuschätzen. Auch wenn man sich körperlich nicht so wohl fühlt, sollte man dennoch den Geist haben, sich um andere zu kümmern und ihnen Dienste zu erweisen. Eine solche Geisteshaltung wird dabei helfen, die gesundheitlichen Probleme zu heilen.

Schweres Essen schadet der Gesundheit; es bringt unweigerlich Unreinheiten ins Blut, was wiederum schwerwiegende Gesundheitsprobleme verursacht. Um diese Situation in diesem Winter zu vermeiden, stelle ich euch ein spezielles Menü vor. Sich hin und wieder an diese Kost zu halten, wird euren Körper leichter und energiereicher machen.

Rettich, Fisch und Wakame (Algen) verbinden sich nach Feng-Shui-Kriterien gut. Unter allen Fischarten ist frischer Thunfisch hervorragend, aber wenn das nicht machbar ist, kannst du jeden anderen frischen Fisch verwenden und Wakame-Algen dazugeben. Gib auch Knoblauch, Ingwer, grünen Zwiebel, Pfeffer, Salz, Shoyusauce und Chillipfeffer dazu und gare es im Backofen oder koche es. Die Wakame sollte natürlich eine halbe Stunde eingeweicht werden, bevor sie zu den anderen Zutaten gegeben wird. Diese Kombination der drei Hauptzutaten beseitigt sehr wirksam Unreinheiten aus dem

Körper. Unsere Familie hier im Kloster findet großen Gefallen daran.

Die korrekte Nahrung finden

8227. 18. Dezember 2014, Lotus Buddhist Monastery

Es ist nicht übertrieben, zu behaupten, dass das größte zu erduldende Leiden ein körperliches Gebrechen ist. Wer noch nie eine solche körperliche Erkrankung erlitten hat, kann nicht verstehen, was ein solches Leiden bedeutet, und wie sehr man darunter leidet. Man kann sich das nicht einmal vorstellen.

Daher gibt es ein altes Sprichwort: „Ein gesunder Körper ist ein großer Schatz." Von allen Leiden des Seng No Pyong Sa ist das Leiden an einer Krankheit, wenn man sie unmittelbar erlebt, der größte Schmerz und daher die größte Art von Not.

Aber die meisten Ursachen, die zu Leiden durch Krankheit führen, kommen vom Geist. Deshalb wird man sich wohlfühlen, wenn man seinen Geist korrekt führt und handhabt, indem man keine Zeit für unwissende Situationen oder für Illusionen und Verblendungen verschwendet, die nur Verwirrung im Kopf stiften. Solch ein aufgeräumter Geist kann die Konzentration auf Buddha (das Absolute, die Wahrheit), Dharma und Sangha sehr stärken, was dazu führt, dass man sich wohlfühlt. Wenn man dann Leiden erdulden muss, kann man das. Was immer man dann tut und mit welch komplizierten Sachverhalten man es auch zu tun hat, alles entwickelt sich gut hin zu einer positiven und optimistischen Situation.

Durch diese korrekten Handlungen wird ein gestresster Körper nicht gestresst, sondern wandelt sich vielmehr zu einem gesunden Körper. Es ist aber sehr wichtig, die korrekte Nahrung zu sich zu nehmen und sie korrekt zuzubereiten. Das ist tatsächlich absolut notwendig. Manche Gerichte mögen die Zunge erfreuen, sie sind aber sehr schlecht für den Körper; Nahrung, die den Körper belastet, sollte vermieden werden.

Wir praktizieren daher in unserem Kloster aufrichtig, um individuelles Karma und Unreinheit auszulöschen, um Weisheit zu erlangen und auf dem Weg Buddhas zu gehen, was bedeutet: alle fühlenden Wesen zu retten. Aber jemand, der keinen gesunden Körper hat, kann das nicht. Das ist der Grund, warum wir viel Energie und Konzentration auf die Nahrung verwenden, die wir zu uns nehmen. Und natürlich ist das der Grund, warum unser Essen Teil unseres Dharma ist. Ständig forschen wir und versuchen einen Speiseplan für eine ausgewogene Ernährung zu erarbeiten, der sicherzustellt, dass alle Praktizierenden gesund werden.

Auch die Nahrung, die wir zu uns nehmen, hat gute Yin- und Yang-Aspekte. Wenn die Nahrung zu viel Yin-Charakter hat, neigt das Immunsystem dazu, schwach zu werden; man fängt sich dann leicht eine Erkältung ein. Und wenn das Essen mehr Yang hat, kann man leicht hohen Blutdruck entwickeln, Diabetes und sogar schwerwiegende Darmprobleme. Daher wird, wie du sehen wirst, größte Achtung auf das Essen gelegt, das wir zubereiten.

Aber wenn man einen guten Geist der Fürsorge für andere hat, wird auch mit wenig oder gar keiner Kocherfahrung alles, was man zubereitet, allen köstlich schmecken - selbst wenn nur grundlegende Methoden anwendet. Mit einer solchen Geisteshaltung kann jedwede Krankheit geheilt werden.

Unsere enge Verbindung zur Natur

8243. 3. Januar 2015, Lotus Buddhist Monastery

Die Naturenergie reguliert ständig unseren Körper und unseren Geist. Wenn daher die Naturenergie ruhig ist und der Ort ein guter, fühlen sich Körper und Geist wohl. Ist aber das Gegenteil der Fall, fühlen sich Körper und Geist stets unwohl. Gleichzeitig verändert sich der Geist in eine nicht korrekte Richtung.

Es passiert dann leicht, dass der Geist negativ wird und es wird schwierig, korrekte menschliche Beziehungen zu führen. Unser Körper und unser Geist bauen sich aus der Naturenergie auf; deshalb sind Menschen dafür viel empfänglicher, insbesondere weil sie die sechs Sinne haben. Sie werden daher von dem Ort, an dem sie wohnen, beeinträchtigt.

Seit alten Zeiten geht man daher mit Vorliebe an Orte, wo der Berg, die Luft und das Wasser gut sind. Solche Orte werden zu Lebensräumen, um die herum Städte erbaut werden. Die Liebe zur Natur bringt die Menschen dann dazu, in den Vororten der Städte zu wohnen.

Unser Körper und unser Geist sind ständig von der Natur durchdrungen. Die Natur liest daher manchmal unsere Gedanken. An Orten, an denen der Geist der Menschen negativ ist, fühlt sich daher auch die Natur nicht wohl. Herrschen aber positive, harmonische und herzliche Interaktionen vor, ist auch das Wetter gut. Wo Negativität vorherrscht, ist auch der Ort, an dem Probleme überhandnehmen.

Das ist der Grund, warum seit alters her Naturzeremonien durchgeführt werden. Ich werde am 5. Januar eine Meereszeremonie durchführen und durch diese Tugend könnt ihr alle ein angenehmes Jahr haben. Seit alten Zeiten haben insbesondere jene, die nicht gesund sind, jede Anstrengung unternommen, um sich auf die Naturenergie-Zeremonien zu konzentrieren, an ihnen teilzunehmen und viel Hilfe zu empfangen.

Deshalb mache ich dieses Mal eine Meereszeremonie; denn unser Globus besteht zu ungefähr 75 % aus Wasser. Wenn sich das Meer wohlfühlt, wird das allen fühlenden Wesen helfen, sich auch wohl zu fühlen und keinen Naturkatastrophen ausgesetzt zu sein - und genau das ist der Grund für diese Zeremonie.

In Europa weiß man seit 30 Jahren, dass Menschen, die an Naturzeremonien teilnehmen, selbst wenn Katastrophen geschehen, heil daraus hervorkommen können. An dem Ort, an dem der sanfte Wind weht, die Blumen blühen, der Berg grün ist und das Meer ruhig, an diesem Ort spiegelt sich der strahlende Mond immer im Meer. Im Meer bleiben alle Fische zusammen und sind harmonisch - und das ist der Grund warum all die verschiedenen Arten von Fischen gemeinsam im Meer tanzen.

Wie man im Alter gesund bleibt

8271. 31. Januar 2015, Lotus Buddhist Monastery

Jede einzelne Aufgabe, die man übernommen hat, sollte von ganzem Herzen erfüllt werden, denn das wird das Selbst erstrahlen lassen. Führt man jede Aufgabe gründlich aus, wird das von einem angemessenen Verhalten begleitet, das andere niemals stört, verletzt oder schädigt; vielmehr nützt es ihnen und sie fühlen sich dadurch wohl. So wird Tugend angesammelt, die nach und nach dazu führt, dass andere einem vertrauen und sich auf einen verlassen; man wird daher zu einer gesuchten und gebrauchten Person. Nicht nur die

Erfüllung der einem übertragenen Aufgaben sondern auch die Zeit, die man in die Erforschung und Entwicklung von Fähigkeiten und Begabungen investiert, führen zu wichtigeren Positionen.

Man wird von anderen nicht einfach deshalb respektiert, weil man älter wird. Ansehen erwirbt man sich aufgrund von Begabungen, Fähigkeiten und einem fleißigen Geist. Eine Stellung wird höher oder niedriger werden je nachdem, ob unsere Bestrebungen unserem Umfeld tatsächlich Nutzen bringen.

Wenn man alt wird, gibt es sehr oft die Tendenz, fauler zu werden, die Arbeitslast zu reduzieren und es nur noch bequem haben zu wollen. Man erkennt dann aber nicht, dass durch ein solches langsamer Werden der Geist altert. Und der Körper folgt dann dieser Entwicklung und wird dementsprechend schwach.

Wenn man älter wird, sollte man außerdem einen einfachen Geist haben. Hat man aber nur den Wunsch nach Bequemlichkeit für den Körper, der einen in Faulheit verfallen lässt, dann wird das den Geist unbehaglich und gestresst machen. Ein unbehaglicher Geist bringt wiederum alle Arten von unsinnigem Denken hervor. Und so geschieht es, dass man sehr bequem an einem Ort sitzt, und der Körper noch viel müder wird.

Ungeachtet des Alters wird es den Körper und den Geist gesund machen, wenn man sich ernsthaft mit den einem übertragenen Aufgaben beschäftigt. Insbesondere wenn man alt wird, sollte man nicht übermäßig viel denken, sondern versuchen das Denken zu verringern und sich stattdessen darauf konzentrieren, es in Handlungen umzusetzen. Diese Art von konzentrierter Ausrichtung wird von allen respektiert werden und so wird man wichtig.

Lass dich nicht von Gedanken der Vergangenheit einfangen und mach dir keine Gedanken über die Zukunft. Jetzt, in diesem Moment sollten wir unsere Existenz in dieser Welt aufrichtig und von ganzem Herzen zu schätzen wissen. Durch diese Geisteshaltung wird die Welt weiter und angenehmer, wie ein stilles Meer. Alles ist ruhig und was immer gespiegelt wird, kann mit einem schärferen Auge ganz klar gesehen werden. Daher kann das wahre „Ich" hinter der Lesebrille erlangt werden. Wenn man etwas sehen muss, dann wird man es sehen. Wenn es keinen Wunsch gibt, gesehen zu werden, dann wird man es nicht sehen.

Die Energie des frühen Morgens

8312. 13. März 2015, Lotus Buddhist Monastery

Wir sollten auf unsere Gesundheit achten, denn niemand anderer kann uns einen gesunden Körper geben als wir selbst. Daher ist es wichtig genau zuzuhören, wenn uns eine weise Methode mitgeteilt wird, wie man einen guten Gesundheitszustand wiederherstellen oder erhalten kann. Erhalten wir aber Anleitungen von einer unweisen Person, dann sollten wir wachsam sein, denn es könnte eine falsche Lehre sein, die zu unnötigem Leiden führt.

Deshalb lehrt uns Buddha Sok Ga Mo Ni, dass wir den Dharma und auch uns selbst zum Führungslicht nehmen sollten. Denn das heißt wirklich für uns zu sorgen. Wenn man diesen beiden Führungslichtern folgt, wird kein Karma erzeugt. Gleichzeitig kann der Körper gesund erhalten werden, was wiederum einen gesunden Geist hervorbringt. Ein robuster Geist kann Handlungen jeglicher Art ausführen und viel Tugend aufbauen, was sich in Bodhisattva-Handlungen manifestiert.

Ist der Körper jedoch nicht gesund, wird unnötig Karma gemacht. Das bedeutet, schlechte Gesundheit erzeugt negative Gedanken, die zu Vorwürfen, Abneigung und Zweifel an anderen führen. Natürlich sollte man einer weisen Methode sich körperlich gesund zu halten, diszipliniert folgen. Denn so gründlich man eine weise Methode auch versteht, wenn man sie nicht jeden Tag in die Tat umsetzt, wird sie dem Körper nicht nützen.

Es ist auch so, dass während man praktiziert, unweigerlich einige Schwierigkeiten entstehen. Aber obgleich Trägheit auftaucht, kann sie überwunden und beseitigt werden. Besonders am frühen Morgen sind Übungen eine der besten Methoden, um die Gesundheit zu fördern. Daher ist es weise, früh aufzustehen und die Niederwerfungen gemeinsam mit den Ki-Song-Übungen zu machen. Das wird die Grundlage für einen erfolgreichen Tag legen. Eine solche regelmäßige Disziplin wird dabei helfen, eine äußerst kräftige Gesundheit zu erwerben.

Der besondere Grund, warum man sich dadurch einen gesunden Körper erwirbt, liegt in der Morgenenergie, die die belebendste des ganzen Tages ist. Deshalb werden von alters her Niederwerfungen am Morgen gemacht. Früh morgens zu praktizieren, bringt einen klaren Kopf und einen Körper, der korrekt funktioniert und zirkuliert. Das hilft uns, unseren Geist stets richtig ausrichten und verwenden zu können. Gleichzeitig entsteht automatisch der Wunsch, auf dem richtigen Weg zu gehen, nämlich dem Weg Buddhas (des Absoluten, der Wahrheit).

Die Unwissenheit der Vergangenheit wird so ausgelöscht. Auch alles Karma, das vorher erschaffen wurde, kann vertrieben werden. Bald dämmert Klarheit, und mit dieser Leuchtkraft werden wir zu großen Führungslichtern für andere. Gleichzeitig werden die korrekten Aufgaben und Funktionen eines Menschen von ganzem Herzen erfüllt.

Vergiss nicht, dass es schwierig ist, im nächsten Leben wieder eine menschliche Form zu erhalten. Solange wir aber eine menschliche Form haben, ist es wichtig gesund zu sein und uns guten Taten für andere zu widmen. Indem Handlungen aufgebaut werden, die Tugend hervorrufen, wird es möglich, wieder als Mensch und mit einem besseren Leben als gewünscht zurückzukehren.

Ein gesunder Körper hilft auch anderen

8390. 30. Mai 2015, Lotus Buddhist Monastery

Wenn wir für unseren Körper gut Sorge tragen, belästigen wir andere nicht und stehen nicht in ihrer Schuld. Gute Gesundheit macht uns dann stets frei und verschafft uns Wohlbefinden.

Ein körperliches Gebrechen oder eine schlechte Gesundheit bringen dagegen eine Geisteshaltung hervor, die einen von anderen abhängig macht. Wenn sie sich dann nicht so um einen kümmern, wie man es erwartet, dann entsteht ein Geist voll mit Vorwürfen. Diese Negativität kehrt wieder zurück und erschafft als Vergeltung nur noch schwereres Karma.

Zu sehr an der Form anzuhaften, ist natürlich nicht korrekt. Übermäßige Anhaftung an die Form erzeugt nichts weiter als zusätzliche Illusionen und Verblendungen und verursacht unnötige Krankheiten. Mit einem solchen Geisteszustand wird sogar eine leichte Erkrankung zu einer kritischen und ernsthaften Krankheit gemacht.

Deshalb ist es das Beste, immer die rechte Nahrung zu sich zu nehmen, Übungen zu machen und alle einem übertragenen Aufgaben mit vollem Einsatz auszuführen. Hilfe sollte bedingungslos angeboten werden, wann immer sie gebraucht wird, und der eigene Geist sollte sich ständig auf Buddha (das Absolute, die Wahrheit) und

Seine Lehren fokussieren. Was immer einem begegnet, sollte genau untersucht werden, aber nicht aus einer engstirnigen Sichtweise heraus, sondern mit der Perspektive eines weiten Geistes.

Versuche auch, dich nicht wegen kleiner Störungen aufzuregen oder zornig zu werden. Der Geist sollte vielmehr in Ruhe und Gelassenheit gehalten werden. Dann kann man frei sein sowohl von Streit als auch von Schüchternheit. Wenn man für das gegenwärtige Leben Verantwortung übernimmt, kann man im nächsten Leben eine bessere Existenz haben. Indem man sich in Bodhisattva-Handlungen engagiert, kann man großen Frieden finden, sich wohlfühlen und glücklich sein.

Erhalten sie aber einmal Unterstützung, dann möchten unweise Menschen, dass ihnen auch ein zweites oder drittes Mal und immer wieder geholfen wird. Eine solche Geisteshaltung zeigt, dass man nicht wirklich für sich selbst sorgt. Vielmehr erschafft man sich dadurch bei anderen eine Schuldenlast, die irgendwann zurückgezahlt werden müssen.

Wer für sich selbst sorgt, der weiß, wie er für andere sorgen kann. Und wer für andere sorgt, weiß auch für sich selbst zu sorgen.

Gesund in der heißen Jahreszeit

8434. 13. Juli 2015, Lotus Buddhist Monastery

Ab heute haben wir Hochsommer und während dieser Jahreszeit müssen wir uns gut um unsere Gesundheit kümmern. Man sollte, wenn es heiß ist, nicht nur kalte Nahrung zu sich nehmen, sondern manchmal auch warmes Essen genießen. Es ist auch gut für den Körper zu schwitzen, damit die Unreinheiten und Gifte ausgeschieden werden können. Auf diese Weise können wir einen Vorteil aus dem Sommer ziehen.

Seit alten Zeiten konsumieren daher Menschen, die sich um ihre Gesundheit kümmern, im Sommer scharfes Essen, um alle Gifte auszuschwitzen und zu entfernen.

Während eines solch heißen Sommers ist es weise, nichts zu tun, was den Geist verstören oder unruhig machen könnte oder zusätzliche Unreinheiten erschafft. Einer Situation, die den Geist stört und andere bekümmert oder verletzt, sollte man sich nicht einmal nähern. Vielmehr sollte man die einem übertragenen Aufgaben voll und ganz und aufrichtig erfüllen, damit der Geist friedvoll sein kann - wie ein klarer, kühler und ruhiger Ozean. Ist es also heiß, sollte die Hitze genossen werden und wenn es kalt ist, kann man die Kälte genießen. Mit anderen Worten: Sei jemand, der das Leben zu jeder Zeit wirklich genießen kann.

Jeder hat Gier. Man kann sie nicht vermeiden, solange die Form existiert. Aber es ist wichtig, über jene Gier zu obsiegen, die andere verletzt, ihnen Schaden zufügt oder die Rache nehmen möchte; man tut das, indem man sie völlig auflöst. Aber selbst wenn man Gier hat, kann sie zu einer Art von Gier werden, die benützt wird, um anderen Nutzen zu bringen und endlos Bodhisattva-Handlungen auszuführen; das ist die Art von Gier, die aus großem Mitgefühl entsteht. Menschen, die anderen helfen und ihnen echte Freude und echtes Vergnügen bereiten, können das Glück und Wohlergehen genießen, das sie dadurch finden.

Statt etwas haben zu wollen, leg in diesem Sommer jenen Geist nieder, der gierig nach dem Besitz anderer ist; dann wirst du diesen Sommer voll und ganz genießen können. Wenn man alle Illusionen und Verblendungen ablegen kann, kann ein sehr kühler Sommer ausgiebig genossen werden. Daher sollten auch alle Qualen und Sorgen, von denen das Gehirn voll ist, begraben werden; der

Geist sollte sich vielmehr auf Buddha (das Absolute, die Wahrheit), Dharma und Sangha - die Drei Juwelen - fokussieren.

Das Folgende ist die Formel der Natur: Wenn es Hitze gibt, gibt es Kälte und wenn es Schwierigkeiten gibt, gibt es Glück. Dies ist die Formel der Natur, die auf profunder Wahrheit beruht.

Schönheit

Pflanze einen schönen Baum in deinem Geist

5414. 6. April 2007, Lotus Buddhist Monastery

Ein Berg, der keine Bäume hat, ist trocken und wenn heftiger Regen fällt, kann er das Land nicht halten - es rutscht den Berg hinunter und bringt allen, die am Fuße des Berges leben, Leiden und eine Tragödie.

Hat ein Berg aber viele schöne Bäume, dann versammeln sich dort Vögel und viele verschiedene Tiere, und die Menschen im darunter liegendem Dorf fühlen sich sehr wohl. Die Luft ist rein und gut. Viele Menschen ziehen an einen solch schönen Ort, um dort zu leben; er bringt allen Nutzen.

Auf ähnliche Weise ist die wahrhafte und gute Geisteshaltung eines Menschen wie die schöne Vegetation am Berg. Ein menschlicher Geist, der keine Schönheit hat und voll Negativität ist, ist dagegen wie der trockene Berg.

Hat jemand einen trockenen und negativen Geist, dann fügt sich für ihn nichts gut und seine Beziehungen zu anderen sind nicht reibungslos. Niemals erhält er Anerkennung von anderen; er ist vielmehr stets das Ziel von Beschwerden jener, mit denen er zu tun hat. Eine solche Person leidet immer und macht ihre Zukunft sehr einsam.

Um diesen trockenen, negativen Geist zu auszulöschen, muss man in seinen Geist einen schönen Baum pflanzen. Dazu muss man drei Dinge tun:

1. Einen Baum pflanzen, der anderen gegenüber völlig aufrichtig und loyal ist.
2. Den Geist haben, andere wirklich zu lieben.
3. Wirklich für andere zu leben.

Pflanzt man diese drei Samen der Achtsamkeit, dann werden die Wurzeln wachsen und wenn die Blätter hervorkommen, wird jene negative Geisteshaltung verschwinden. Man wird sich dann immer wohl fühlen, von jenen, mit denen man zu tun hat, respektiert und geliebt werden und alles wird sich für einen gut entwickeln.

Diese Welt ist die Welt Buddhas (das bedeutet: des Absoluten, der Wahrheit). Wir Menschen leben in dieser Welt Buddhas, lasst uns daher erfüllt sein von schöner Liebe und einem mitfühlenden Geist. Dann können wir unsere korrekte Funktion als gute Söhne und gute Töchter Buddhas erfüllen.

Denke an Schönheit

5795. 21. April 2008, Lotus Buddhist Monastery

Wenn man weiß, wie man sich selbst beherrschen kann, kann man Fortschritte machen und vieles im Leben erreichen. Je nachdem wie man seinen Geist benützt und ihn steuert, macht man sich selbst glücklich oder unglücklich. Mit einer korrekten und schönen Geisteshaltung wird man glücklich werden. Hat man aber einen negativen Geist und negative Absichten, handelt man sich selbst Unglück und Leiden ein. Seinen Geist unter Kontrolle zu haben bedeutet daher tatsächlich die Richtung des eigenen Lebens unter Kontrolle zu haben.
Deshalb sagten Buddha Sok Ga Mo Ni und alle Meister: „Poliere dich selbst, damit all deine negativen Punkte und deine Negativität verschwinden." Denn wenn erst einmal die Negativität verschwunden ist, wird auch die Unwissenheit automatisch verschwinden. So

wird der Geist rein und weise. Es spielt keine Rolle, welche Herkunft oder Bildung man hat. Sobald man nicht mehr unwissend ist, hat man eine schöne Geisteshaltung, und man kann ein schönes, erfolgreiches Leben haben - Leben nach Leben.

Meistens rühren Krankheiten daher, wie man seinen eigenen Geist leitet. Ist der eigene Geist in einem angenehmen Zustand, wird auch das eigene Leben angenehm. Versuche daher von heute an - ganz gleich was passieren mag - dich selbst unter Kontrolle zu haben und dich im Geiste wohlzufühlen. Vermeiden sollte man jene Art von negativen Geist, der einen unnötigerweise aufregt oder erzürnt; oder der unnötigerweise Gedanken entwickelt, sich mit Lügen und Verschwörungen gegen andere zu beschützen.

Man sollte versuchen, sich wohlzufühlen, egal in welcher Situation man sich befindet. Der ruhige Ozean wogt, wenn es an der Zeit ist zu wogen; er verliert aber niemals seine Stille. Deshalb ist der ruhige Ozean immer ruhig und glücklich. Natürlich gibt es im täglichen Leben viele Bewegungen, aber man sollte auf keinen Fall die angenehme Stille des Geistes verlieren. Denke immer an Schönheit. Es ist wie jemand in einer dunklen Höhle, der an die schöne Lotosblume mitten im schmutzigen Teich denkt; sie verliert niemals ihre Schönheit und strahlt immer unter der hellen Sonne. Fühle dich bitte wohl und entspanne dich, entspanne dich.

Die Welt ist bereits schön und voller Freude

6110. 2. März 2009. Lotus Buddhist Monastery

Diese Welt ist schön und voller Freude - aber der Geist der fühlenden Wesen hat oft nicht genug Schönheit und Freude. Das ist der Grund, warum fühlende Wesen die Schönheit der Welt noch nicht sehen oder ihre Freude noch nicht fühlen. Stattdessen leiden sie und sehen eine Welt voller Schwierigkeiten. Und weil sie die Welt voller Schwierigkeiten sehen, denken sie, ihr Leben zu leben sei schwierig. Weil ihr Geist auf diese Weise festgelegt ist, glauben sie, es ist schwierig ein schönes und glückliches Leben zu haben.

Es gibt eine Parabel, die ich oft als Beispiel angeführt habe: Ein junger Fisch hatte eine Unterhaltung mit seiner Mutter.

Er fragte: "Mama, jemand hat mir gesagt, dass wir im Meer leben. Was ist das Meer und wo ist es?"

Der Mutterfisch antwortete: "Du bist im Meer und wir alle leben im Meer. Das Meer ist in dir und außerhalb von dir; deshalb leben wir hier."

Der junge Fisch war verdutzt und konnte nicht glauben oder verstehen, was ihm seine Mutter sagte.

Auf vergleichbare Weise hat dies auch eine erleuchtete Person realisiert, wenn wir es so sehen: Wir leben jetzt, in diesem Augenblick, in der schönen und glücklichen Welt Buddhas (das bedeutet: in der Welt des Absoluten, der Wahrheit) - genauso wie im schönen und freudvollen Meer. In den Augen Buddhas ist alles schön und jeder Tag ist ein glücklicher Tag. Andererseits sehen die meisten fühlenden Wesen die Welt als brennendes Feuer und einen Ort des Leidens. Wenn man am Geist festhält, dass alles Leiden ist und schwierig - dann werden eben deshalb Leiden und Schwierigkeiten auftauchen; vergiss diese einfache Tatsache nicht.

Denke bitte ernsthaft über das nach, was ich dir gerade sage.

Wenn du deinen Geist schön und glücklich hältst, dann werden Glück und ein schönes Leben zu dir kommen - selbst wenn du nicht allzu viel glückliches und schönes Karma haben magst. Es ist eine sehr einfache Tatsache, aber die Menschen wollen sie nicht glauben. Ich gebe dir gerade jetzt diese Art von Lehre, aber du beschwerst dich darüber und meinst, dass du nichts hast, worüber du glücklich sein kannst und dass das Leben nicht so schön ist.

Stelle dir eine Tofufabrik vor. All das Tofu landet schließlich in einer Form; das ganze Tofu ist an sich gleich. Wenn du eine runde Form benützt, bekommst du rundes Tofu. Benützt du eine dreieckige Form, erscheint dreieckiges Tofu. Es ist so einfach. Wir alle leben in einer schönen und freudvollen Welt, aber einige Leute gestalten sich ein rundes Leben, während sich andere ein dreieckiges machen. Deshalb haben manche Menschen ein erfolgreiches Leben und andere leben ein Leben des Leidens.

Ein weiterer wichtiger Punkt ist, dass sich die Menschen jemanden wünschen, der ihnen Glück und Schönheit bringt. Das wünschen sie sich. Aber genau das ist der Grund, warum sie noch nicht glücklich sind und nicht erkennen, dass das Leben schön ist. Denk darüber nach! Ist es nicht gierig, den Wunsch zu haben, dass dir jemand Glück und Schönheit bringt? Das zeigt nur, dass man immer noch in der Welt der Begierden ist. Vergiss nicht: Jemand der Glück und Schönheit erlangt hat, ist die Art von Person, die andere wirklich glücklich und schön machen kann.

Dies ist eine sehr wichtige Lehre, denn je mehr du sie liest, desto mehr wirst du davon haben. Lies diese Lehre bitte immer und immer wieder, bis dein Geist schön wird.

Du bist der einzige, der dein Glück erschaffen kann. Wenn du möchtest, dass dir jemand anderer Glück bringt, dann schuldest du das. Was ist dir lieber?

Die Natur gibt uns geistigen Freiraum

6721. 3. November 2010, Lotus Buddhist Monastery

So hektisch der Tagesablauf auch sein mag, ab und zu sollte man sich die Zeit nehmen in den Feldern oder in einem Garten spazieren zu gehen und die Natur zu genießen. Dann werden die Probleme, die negativen Gedanken und Sorgen, die man im Kopf hat, unversehens verschwinden. Man wird den gedanklichen Freiraum finden den Stress für eine Weile loszulassen und angenehm zu leben.

Die meisten Menschen erschaffen sich in Wirklichkeit selbst ihre Falle, in der sie gefangen werden, und das macht es schwierig, daraus herauszukommen. Man hat dann vielerlei Sorgen, Qualen und Befürchtungen. Man lebt ein Leben des Leidens. Darum vergisst man, dass wir in dieser überaus schönen Welt leben. Man erschafft sich selbst eine dunkle Höhle und lebt darin.

Aber man sollte sich diese Welt ansehen: Der Himmel ist blau; die Wolken sind wie allerschönste Stickereien am Himmel. Die Bäume haben alle verschiedene Arten von Formen und Farben. Das Meer ist weit und wogt sehr still, aber es bewegt sich doch ständig.

Während man in dieser Höhle ist, ist man nicht fähig, diese Schönheit zu sehen; denn die Augen sehen nur Probleme und die Gedanken sind versunken in Problemen und Sorgen. Außerdem ist der Geist mit dem Versuch beschäftigt, die eigenen Begierden und die eigene Gier zu erfüllen. Anstatt das Leben zu genießen, macht man es zu einem Leben des Leidens. Man erschafft sich nichts weiter als die eigene Falle.

Indem man ab und zu den Geist in der Natur erfrischt, wird man sich genug geistigen Freiraum verschaffen. Dann werden die anderen Menschen einen willkommen heißen, und die Natur wird immer mit einem zusammen sein.

Man wird dann verstehen, warum Buddha Sok Ga Mo Ni in den Sutras sagt, dass es Mandarava-Blumen regnete. Sobald man das erkannt hat, wird man in der Lage sein, ein schönes Leben zusammen mit all den Mandarava-Blumen zu haben. Mit dieser Geisteshaltung wird man auch in der Lage sein, die Udumbara-Blume zu sehen, die nur alle 3.000 Jahre blüht. Man wird wissen, was das bedeutet.

Die Schönheit unseres Globus ist unübertroffen

7299 June 3, 2012 Lotus Buddhist Monastery

In diesem Universum, dem Reich des Dharmas, gibt es viele Planeten. Unser Globus bewegt sich angenehm in diesem Kosmos und während er sich unablässig dreht, umfasst er die Sonne und den Mond. Die Erde ist bei weitem der schönste Planet - strahlender und lebenspendender als jeder andere.

Ebenso sind die Lebensformen, die Natur und alle Menschen dieses Planeten bemerkenswert außergewöhnlich, interessant und schön. Eine Person, die Buddha realisiert, sieht daher seit alten Zeiten diese Welt mit den Augen Buddhas. Jedes Individuum wird dann als sehr fein, klar und attraktiv wahrgenommen. Sobald man die Erleuchtung erlangt, bringt man daher automatisch ein „Ah!" hervor.

Der normale Alltag des menschlichen Lebens ist so geschäftig, dass die Leute ihre Augen nicht öffnen können, um andere zu sehen; auch Konzentration ist nicht möglich. Völlig von der täglichen Plackerei eines eiligen und hektischen Zeitplans aufgesogen, bemerkt man die exquisite Pracht unseres Planeten nicht, man übersieht sie. Und so wird auch das wahrhafteste Glück vergessen und wir leben in Leiden, indem wir mit unseren irrigen und engen Konzepten beschäftigt sind.

Deshalb sind Buddha Sok Ga Mo Ni und alle anderen Buddhas in dieser Welt erschienen, um alle fühlenden Wesen aufzuwecken und zu retten. Deshalb lehrt uns der Buddha ununterbrochen bis heute und wird es ewig tun.

Die Schönheit unseres Globus ist in diesem Universum unübertroffen. Wann immer du daher leidest und das Gefühl hast, dass das Leben schwierig ist, denke über Folgendes nach: „Diese Welt ist überaus schön." Wenn dieser Gedanke auftaucht, in diesem Moment wirst du deine aktuellen Schwierigkeiten vergessen und dich dem Geist der Schönheit öffnen. Indem sich dieser Geist der Schönheit ausdehnt und größer wird, werden die Wände der Konzepte niederbrechen und überwunden werden - Klarheit wird sich nach und nach zeigen. Dann kann man sehen und fühlen, was zuvor nicht gesehen oder gefühlt wurde. Schau in den Spiegel. Du, du selbst bis auch schön!

Vergiss nicht: jeder Tropfen Tau, der gesammelt wird, wird zu einem Fluss. Genauso ist es mit deinem Augenblick der Schönheit. Diese Gewahrsamkeit der Schönheit wird in der Zukunft großes und grenzenloses Glück bringen.

Niemand kann uns versklaven oder beherrschen

7530. 20. Januar 2013, Lotus Buddhist Monastery

Die ganze Welt ist, so wie sie ist, schön. Die Bäume sind grün, der Himmel ist blau, der Schnee ist weiß, der Berg ist hoch und das Meereswasser wogt. Wir sehen das jeden Tag und erfassen doch nicht diese Schönheit, weil wir an unserem Leben anhaften und gefangen sind von unserem Kopf, den Augen, der Nase, den Ohren, den Lippen und der Form. Wir sind beschränkt auf die enge Welt unseres Denkens und unserer Konzepte; das macht das Leben schwieriger.

Das ist so wie eine Blume, die sich nicht öffnet und vielfach sofort verwelkt. Und wenn sich das Leben nicht so entwickelt, wie man es möchte oder erwartet, dann lehnt man die ganze Welt ab und sieht sie als leidvoll. Wenn man so denkt und sich selbst für einsam hält, dann führt das zu einem Leben des Leidens. Dann tauchen alle Arten von Illusionen und Verblendungen auf, weil man sehr stark von der Unbeständigkeit des Lebens eingefangen ist; diese wird mit der Wahrheit und Unendlichkeit verwechselt.

Die Wahrheit ist, dass uns niemand versklaven oder beherrschen kann. Aber man erkennt nicht: Das, was uns am nächsten und in Wirklichkeit in uns selbst ist, erschafft das Leiden - nämlich die Unwissenheit. Deshalb überwiegt immer die Unsicherheit, und so wird es unmöglich, aus den Ängsten herauszukommen. Durch diese Ängstlichkeit bleiben Körper und Geist voll Kummer und Schwierigkeiten. Auch sind sich fühlende Wesen nicht bewusst, dass sie Buddha-Natur haben und das ist der Grund, warum sie sich selbst und auch anderen nicht vertrauen.

Außerdem möchten sie den Drei Juwelen - Buddha (das Absolute, die Wahrheit), Dharma und Sangha - nicht vertrauen und nicht an sie glauben. Diese fehlgeleiteten Konzepte führen dazu, dass was falsch ist, als richtig wahrgenommen wird und was richtig ist als falsch. Diese fehlerhafte Geisteshaltung stürzt sie nur noch in größere Unwissenheit.

Buddha Sok Ga Mo Ni sah, dass all das Leiden und all die Qual der Menschen aus der Unwissenheit entstehen und aus der Unkenntnis ihrer Buddha-Natur. Er nahm eine menschliche Form an, um uns aufzuwecken und uns zu dieser Erkenntnis zu führen.

Alle von Euch: Bitte seht jetzt diese Welt mit dem Geist Buddhas mit Euren schönen Augen. Ist sie nicht wunderschön?

Vergesst nicht: Ihr seid immer und auf jeden Fall schön.

Warum eine saubere, gepflegte Erscheinung sehr wichtig ist

7936. 2. März 2014, Lotus Buddhist Monastery

In der Gegenwart anderer ein zorniges und missbilligendes Gesicht zu machen, erzeugt negatives Karma - ganz egal welcher Grund oder welche Provokation dazu führte. Möglicherweise bemerkt man diese Reaktion auf andere gar nicht und erkennt auch nicht, dass ein solch unerfreulicher Gesichtsausdruck die Unkenntnis seiner selbst enthüllt.

Aber wenn man negative Gefühle hegt und dann ein unfreundliches Gesicht macht, das anderen Vorwürfe zu machen scheint, dann erzeugt das negatives Karma - besonders wenn dies in der Gegenwart anderer geschieht. Solches Karma kehrt umgehend zu einem zurück und wird zu Ursache- und Bedingungs-Karma.

Richtiges Benehmen ist es daher, sich sauber zu halten und anderen eine angenehme Erscheinung zu präsentieren, wenn man morgens aus dem Schlafzimmer kommt. Das ist auch der Grund, warum Menschen sich schön anziehen, damit andere sich wohlfühlen.

Wir sollten auch erkennen, dass es den Geist der anderen verdunkelt und negativ macht, wenn wir unsauber und unordentlich aussehen. Deshalb schminken sich Frauen und machen sich frisch, damit sie keine negative Energie verbreiten. Und weil sich die anderen dadurch wohlfühlen, wird große Tugend erschaffen.

Wenn man dagegen stets ein ungepflegtes Äußeres präsentiert, indem man sich nicht wäscht oder aus Faulheit nicht die Zähne putzt, dann belästigt man damit andere und erschafft in ihrem Geist Unwohlsein.

Andererseits zeigen die Statuen von all den Bodhisattvas, wie zum Beispiel Kwan Se Um Bo Sal, immer sehr schöne Kleidung und ihr Körper ist mit vielen Verzierungen geschmückt. Dabei geht es nicht um irgendeine Art von Selbstgefälligkeit, sondern ausschließlich darum, allen fühlenden Wesen Schönheit zu zeigen und ihnen zu großem Wohlstand zu verhelfen. Kwan Se Um Bo Sal und alle anderen Bodhisattvas sind mit großer Schönheit geschmückt, um die Augen aller fühlenden Wesen schön zu machen. Diese Schönheit macht wiederum den Geist schön. So kann dann jeder aus dem Leiden herauskommen, indem er auf dem Weg des Glücks geführt wird, der der Weg Buddhas (des Absoluten, der Wahrheit) ist.

Insbesondere Menschen haben die kostbaren sechs Sinne und deshalb ist es ein großes Geschenk, wenn man Schönheit zeigt. Von den Sechs Paramitas ist das erste das Paramita des Gebens. Es ist nicht notwendig nachzurechnen, wie teuer oder kostbar ein Kleid ist, so lange die Kleidung und das Gesicht sauber sind. Ein angenehmer Gesichtsausdruck an sich ist bereits Fürsorge für andere, und diese große Tugend wird zu einem zurückkehren.

Und wenn man wegen den Bedingungen, die man hat, andere böse ansieht, ihnen Vorwürfe macht, und sie ablehnt, dann wird diese Handlung und diese Unwissenheit zu einem selbst zurückkehren und Körper-Karma erzeugen. Deshalb ist ein freundliches Auftreten anderen gegenüber, wobei man gleichzeitig Negativität und Launenhaftigkeit unter Kontrolle hält, das korrekte Verhalten und die beste Praxis.

Zu praktizieren bedeutet, den Ort Buddhas zu erkennen, an dem es Liebe und Mitgefühl für alle fühlenden Wesen gibt. Menschen mit einer solchen Geisteshaltung werden niemals negative Handlungen ausführen oder anderen ein negatives Gesicht zeigen; denn sie erkennen den Wert der anderen voll und ganz. Sie verstehen, dass die ganze Welt eine Familie ist und beschäftigen sich damit, anderen stets Nutzen zu bringen und sie erfolgreich zu machen, was sie wiederum selbst glücklich macht.

Diese schöne Welt nicht beschmutzen

8520. 7. Oktober 2015, Lotus Buddhist Monastery

In den Sutras, besonders im Avatamsaka Sutra, heißt es, dass diese Welt bereits schön ist und daher stets mit wahrer Schönheit geschmückt werden sollte. Deshalb rufen wichtige Sutras, wie das Lotos Sutra - auch bekannt als „Blumen Sutra“ - und das Avatamsaka Sutra uns dazu auf, aus der Dunkelheit herauszukommen und diese Schönheit zu erkennen. Diese Schönheit offenbart sich als Helligkeit und Klarheit und ist in Wirklichkeit Weisheit.

Die Welt hat diese Weisheit bereits, und daher wird Klarheit eine Überfülle an gutem Geschick und Tugend bringen. Wer weise ist, kann genau all das haben, was er sich wünscht, weil er keine Gier und keine Begierde hat. Was immer gewünscht oder gebraucht wird, ist daher bereits verfügbar; es wird verwendet, um anderen zu nützen.

Aber diese wunderschöne Welt ist zutiefst verunreinigt von der eigenen Unwissenheit. Zum Beispiel wird jemand, der sich ständig mit einem ungewaschenen Gesicht, Mundgeruch und übelriechenden Kleidern zeigt, von anderen nicht willkommen geheißen werden, denn sie werden dem abstoßenden Geruch einfach nur entkommen wollen.

Anstatt sich selbst zu überprüfen, beschuldigt so jemand nur andere, sich unfreundlich zu verhalten. Alles ist Ja Up, Ja Duk (koreanischer Ausdruck, der bedeutet: was man tut, ist das, was man bekommt). Um von anderen herzlich aufgenommen und respektiert zu werden, ist es besser, den Körper zu reinigen und stets wachsam zu sein, dass alle Bewegungen und Handlungen korrekt ausgeführt werden. Solche Bemühungen erfolgreich ausführen zu können, ist eine echte Gabe für einen selbst und für andere, denn die saubere Erscheinung sorgt dafür, dass die anderen sich wohl fühlen. Folglich wird einem immer Achtung und Respekt entgegengebracht werden.

Der Dharma sorgt dafür, dass man sich selbst und andere sich wohlfühlen. Auf ähnliche Weise können Wohlfühlen und Reinlichkeit diesen Ort Buddhas mit Schönheit schmücken - ganz gleich, wo man steht, sitzt oder sich hinlegt.

Auf der anderen Seite macht eine unreine Erscheinung diese schöne Welt schmutzig. Aber noch wichtiger ist es, keine Unreinheiten im Geist zu haben; denn dann ist man immer eine schöne Erscheinung. Man ist dann bereits mit wahrer Schönheit geschmückt, wie eine Blume in dieser Welt. Man wird zu einer Dharma-Blume und auch zu einer Lotos-Blume.

Diese Welt mit wahrer Schönheit schmücken

8758. 1. Juni 2016, Lotus Buddhist Monastery

In den Sutras heißt es, man soll das Buddhaland immer mit Schönheit schmücken. Das ist eine sehr wichtige Lehre. Um in der Saha-Welt diese Welt mit Buddha zu schmücken, müssen wir mit allen anderen fühlenden Wesen zusammenleben. Um zu existieren, müssen wir allen Arten von Schwierigkeiten begegnen. Um aber die Situation der gegenwärtigen Zeit und der Welt von heute zu überwinden und um ein schönes Leben zu führen, ist es zunächst notwendig den Geist zu reinigen und die Unreinheit der drei Gifte zu beseitigen. Es ist außerdem essentiell immer danach zu streben, einen klaren Geist zu haben und ein weises Leben zu führen.

Um das zu ermöglichen ist es unerlässlich, sich von keiner Situation einfangen zu lassen, egal welcher Natur sie ist, und konstant zu praktizieren, um klar zu sein und viel Tugend anzusammeln. Wenn man sich in Bodhisattva-Handlungen engagiert, wird das helfen, das negative Karma, das in früheren Leben erschaffen wurde, wegzuwaschen und Tugend anwachsen zu lassen. Gleichzeitig wird dieser Verdienst allen anderen von Nutzen sein.

Dieses Buddhaland mit wahrer Schönheit zu schmücken bedeutet in Wirklichkeit, seinen eigenen Geist rein zu machen. Dann wird der Geist automatisch schön und mit wahrer Schönheit geschmückt. Dieser von wahrer Schönheit geschmückte Geist engagiert sich in Bodhisattvahandlungen ohne zu denken, sodass alle Bewegungen, die getan werden, anderen nützen. Ein solcher Geist ist voll Weisheit.

Wo immer ein solcher Praktizierender daher sitzt oder steht, ist der Ort von Buddhas Land. Welche Handlung an diesem Ort auch verfolgt wird, sie löscht die Dunkelheit aus. Deshalb kann jedem, der mit einer solchen Person verbunden ist, geholfen werden aus der Unwissenheit herauszukommen und weiser zu werden.

Diese gegenwärtige Welt ist bereits schön geschmückt, aber der Geist der fühlenden Wesen hat die schöne Welt Buddhas noch nicht erkannt. Deshalb ist es schwierig, diese gegenwärtige Welt mit wahrer Schönheit zu schmücken. Aber wenn jeder individuelle Geist schön geschmückt ist, dann wird das in diese Welt automatisch Weltfrieden bringen.

In den Sutras heißt es, das Buddhaland mit wahrer Schönheit zu schmücken, bedeutet in Wirklichkeit, dass es nicht mit wahrer Schönheit geschmückt ist. Daher ist „mit wahrer Schönheit zu schmücken“ nur ein Name.

Aber wenn der Vogel in den Himmel fliegt, lässt er keine Spur zurück. Man erkennt, was das bedeutet. Mit anderen Worten: Sie ist geschmückt aber ohne eine Spur.

Glossar

Acht Befreiungen. Die Befreiung von: 1. der Lust an Dingen. 2. äußeren Dingen. 3. Illusionen. 4. Beschränkung des Raumes. 5. Beschränkung des Bewusstseins. 6. der Ansicht von Wesenhaftigkeit. 7. den Einschränkungen der Gedanken. 8. mentaler Aktivität.

Acht Leiden. Leid ergibt sich aus: 1. geboren zu sein. 2. alt zu werden. 3. krank zu werden. 4. zu sterben. 5. von geliebten Menschen getrennt zu sein. 6. mit jenen zusammen zu sein, die man nicht mag. 7. nicht das zu bekommen, was man möchte. 8. Unausgeglichenheit der fünf Skandhas.

Avatamsaka Sutra. Wichtiges Mahayana-Sutra. Zu Deutsch „Blumengirlanden-Sutra".

Bodhisattva. „Bodhi" bedeutet vollendete Weisheit und "Sattva" meint ein Wesen, dessen Handlungen Einheit oder Harmonie fördern. Ein Bodhisattva ist auf bestem Wege zur Buddhaschaft, gelobt aber auch, zu helfen, alle anderen zur Erkenntnis der Wahrheit zu bringen.

Buddha. "Ein Buddha" bedeutet ein vollendetes, erleuchtetes Wesen. "Buddha" meint "der Erleuchtete". "Der Buddha" bezieht sich gewöhnlich auf Prinz Siddhartha, der zu Buddha Shakyamuni wurde, vor rund 2600 Jahren in Indien lebte und den Dharma als erster weitergab. Dae Poep Sa Nim verwendet "Buddha" ohne Artikel in der Bedeutung von "Die Wahrheit, das Absolute".

Buddha Sok Ga Mo Ni. Koreanische Aussprache für Buddha Shakyamuni.

Buddha-Natur. Allem innewohnende Buddha-Essenz; die Fähigkeit und Potenz aller Lebewesen, Buddha zu werden.

Dharma. Die Wahrheit, die Lehre, das Absolute. Das Gesetz des Universums.

Drei Gifte. Begierde (und Gier), Zorn und Unwissenheit.

Drei Juwelen. Buddha, Dharma und Sangha.

Fünf Begierden. Begierde nach Essen, Schlaf, Sex, Ruhm und Geld.

Fünf Gelöbnisse. 1. Unterlassen Leben zu nehmen. 2. Unterlassen zu lügen. 3. Unterlassen Dinge zu nehmen, die einem nicht gegeben wurden. 4. Unterlassen von sexuellem Fehlverhalten. 5. Unterlassen Drogen zu nehmen, um Unachtsamkeit herbeizuführen.

Geschickte Mittel. Ein Konzept, das in letzter Konsequenz nicht der letzten Wahrheit entspricht, kann in bestimmten Umständen doch nützlich sein, um das Verständnis und die Realisation zu fördern.

Ja Up Ja Duk. Koreanischer Ausdruck, der bedeutet: Was du tust, ist das, was du bekommst. (Die Auswirkungen der eigenen Handlungen kehren zu einem zurück - Ursache und Wirkung.)

Ich-mein-mich. Der Glaube an das eigene Ego und das dementsprechende Handeln. Selbstbezogenheit und die Voreingenommenheit von sich selbst.

Kalpa. Eine extrem lange Zeitperiode. Die traditionelle Definition eines Kalpa ist: Eine Göttin, die ein Kleid aus feinstem und dünnstem Stoff trägt, erscheint alle drei Jahre am Gipfel eines 40 Meilen hohen Berges. Mit ihrem langen Ärmel streicht sie in einer Vor-und Rückwärtsbewegung über die Bergesoberfläche - wie ein zartes Flüstern. Dann verschwindet sie wieder. Ein Kalpa ist die Anzahl der Jahre, die diese Göttin braucht, um den Berg mit den Bewegungen ihres Kleides vollständig abzutragen.

Karma. Wörtlich: "Handlung", bezieht sich auf Ursache und Wirkung. Der fortgesetzte Prozess von Aktion und Reaktion, durch den alle Dinge und Phänomene entstehen.

Ki-Song. Körperenergieübungen, die Dae Poep Sa Nim entwickelt hat und die von ihren Schülern praktiziert werden.

Kwan Se Um Bo Sal. Avalokiteshvara. Bodhisattva, der/die die Klänge der Welt wahrnimmt, Bodhisattva der Liebe und des Mitgefühls (auf chinesisch Guanyin).

Lotos Sutra. Das wichtigste Sutra im Buddhismus, das die wahre Leere symbolisiert und den exquisiten Dharma zeigt.

Mandarava-Blumen. Himmlische Blume.

Mantra. Spirituelle Worte oder Sätze, die von einem Meister gegeben werden; durch sie wird Energie gesendet.

Mittlerer Weg. Der Weg, der polare Extreme transzendiert. Der Mittlere Weg deutet auch auf die wahre Natur aller Dinge hin, die nicht durch die Absoluten von Existenz und Nicht-Existenz definiert werden kann. Er transzendiert die Extreme der Polarität und gegensätzlichen Sichtweisen - in anderen Worten: jede Dualität.

Niederwerfungen. Wichtiger Teil der Übungspraxis und damit Teil der Meditation. Man geht dabei auf die Knie und legt die

Stirn auf den Boden. Diese Übungspraxis wird in der Yun Hwa Sangha regelmäßig ausgeführt und ist im gesamten Buddhismus gebräuchlich.

Nirvana. Bedeutet das Aufhören von Wiedergeburt und den Eintritt in Glückseligkeit; der höchste, himmelsgleiche Bereich. Wahres Nirvana kann aber hier in dieser gegenwärtigen Welt, während man lebt, erlangt werden.

Praxis, praktizieren. Die Meditationsmethoden im täglichen Leben anzuwenden und zu integrieren. Dem Dharma entsprechend zu leben. Der Weg, die Wahrheit zu suchen und zu erlangen.

Saha Welt. „Diese Welt", die Welt der Begierde und Form. Auf Sanskrit bedeutet „saha" Ausdauer.

Sal. Die Essenz des schwierigen Karmas aus dem letzten Leben, die nur durch Praxis aufgelöst werden kann.

Sangha. Die Gemeinschaft/Familie der Praktizierenden.

Sechs Paramitas. "Paramita" bedeutet "Vollkommenheit". Sechs Praktiken, die essentiell für die Erlangung von Buddhaschaft sind: Almosengeben - was beinhaltet: materielle Almosen, Almosen des Gesetzes und Almosen der Furchtlosigkeit; die Gelöbnisse einhalten; Geduld oder Ausdauer bei Widerstand und Not; Eifer oder Fleiß bei der Praxis; Meditation; und Weisheit.

Sechs Sinne. Sehen, Hören, Riechen, Schmecken, Tasten und der Geist-Sinn.

Seng No Pyong Sa. Koreanisch für die vier Leiden - Geburt, Alter, Krankheit, Tod.

Sozialer Buddhismus. Der Dharma, der die Weisheit fürs tägliche Leben lehrt, mit der man die korrekten Funktionen und Aufgaben als Mensch erfüllt, während man gleichzeitig Erleuchtung erlangt. Man kann so sein tägliches Leben leben und ist gleichzeitig in der Lage, sich selbst zu sehen und die höchsten Stufen der Verwirklichung zu erlangen. Sein Ursprung führt direkt zu Buddha Shakyamuni zurück. Dae Poep Sa Nim ist eine der wenigen Meister, die ihn seither lehren.

Sunim. Koreanische Bezeichnung für: buddhistischer Mönch.

Tugend. Im Original: virtue. Positive Eigenschaften und das Ergebnis von positiven Handlungen, insbesondere Bodhisattva-Handlungen.

Udumbara-Blume. Von ihr wird gesagt, dass sie nur alle 3000 Jahre blüht.

Ursache und Bedingung. Ursache (koreanisch: Yin) und Bedingungen (koreanisch: Yeun) sind eng miteinander verbunden. Wenn das Yin nicht korrekt ist, wird es das Yeun auch nicht sein. In Beziehungen zu anderen ist das Yin man selbst, andere antworten mit Yeun. Um ein korrektes Yin dazustellen (und ein positives Yeun zu empfangen), muss man das eigene Yeun auslöschen und andere bedingungslos lieben.

Verbindungs-Beziehung. Die Beziehungen und Verbindungen, die man zu anderen herstellt.